偽キリストは Aiと共に、 バチカンに 現れる！

保江邦夫

青林堂

パート7　若きジェダイの騎士たちよ、今こそフォースとともにあれ!!

はじめに

新型コロナウイルス による一連の騒動がまだ終息していない今日この頃ですが、これからお伝えするのは今回のコロナ騒動の真相だけでなく、この機に乗じて一気にネット上で広まった「トランプ大統領VSディープステート（闇の政府）」といった作為的な陰謀《いんぼう》論に惑わされないために必要な、今の世の中を生きていく若者たちへの贈り物ともいうべき重要な示唆の数々です。

新型コロナウイルスが日本でまだほとんど話題になっていなかった今年の1月のこと、はせくらみゆきさんからお呼びがかかって彼女と僕と安倍晴明が背後についている少年と3人でお会いした際、そこで僕は衝撃的な話を耳にしました。

詳しくは本文に譲りますが、そこで、はせくらみゆきさんとその少年を介して、なんとイエス・キリスト、エスタニスラウ神父様、安倍晴明《あべのせいめい》の三者会談が行われ、「このままいけばＡＩと５Ｇ通信網の普及によって今年中に反キリストが出てくる」という主旨の驚くべき警告がなされたのです。

そこで僕は、５Ｇと新型コロナウイルスの関係についての確かな情報を得たうえで、個人的に情報を発信したり、ネットに溢れている陰謀系の情報を精査しながら気づいたことは、「なんだ、結局のところ映画の『スター・ウォーズ』のようなことが現実でも起きているのか!!」という驚きに満ちた理解でした。

つまり、今出回っている「正義のヒーローが悪者をやっつける」という単純な陰謀話は作為的なものであって、真実は『スター・ウォーズ』のストーリーにより近いということです。

もともとは王家や騎士の血筋だった者たちが、闇の勢力によるさまざまな策略や人間関係のもつれによって彼らに絡め取られながらも、何とか同じ血筋の仲間たちとのつながりを取り戻すことによって復活を遂げていく――そんな複雑怪奇なドラマが、現実社会の裏で繰り広げられているのです。

いったいそれは何を意味しているのか？

本文をお読みいただければ、その意味がよくご理解いただけると思います。

どうぞ、ぜひじっくりと読み進んでいってください。

令和２年11月１日　保江　邦夫

パート 1

コロナ騒動で日本人の良さが失われつつある

季節性インフルエンザと大差ないのに、この騒ぎはいったいなぜ？

この原稿を書き始めた令和2年8月6日時点で、日本において新型コロナウイルスで亡くなった人は1035人（NHKまとめ）だそうです。

これは、お餅を喉に詰まらせて亡くなる人や熱中症で亡くなる人の数とほぼ同じで、季節性のインフルエンザで亡くなる人の数よりも今のところ少ないようです（インフルエンザによる国内での死亡者数は年間3000人前後）。

一方、新型コロナウイルスが要因となった倒産はすでに400件をこえており（その多くは中小零細企業）、総務省の発表によると5月の完全失業者（原数値）は198万人と前年同月から33万人も増え、休業者は423万人にも及びます。

さらに、厚生労働省の発表によると、新型コロナウイルス感染症に関連する解雇や雇い止め（見込みを含む）は3万5000人以上にものぼるとのこと。

このような状態が続けば、明らかに日本経済は沈没し、「コロナ自殺」もさらに増えて、日本の国力が低下することは避けられないでしょう。

にもかかわらず、いまだにマスコミは毎日新型コロナウイルスのことで騒ぎ立てています。

他国に比べて日本は圧倒的に新型コロナウイルス感染症による死亡率が低いのにもかかわらず、「感染したら死ぬかも……」との不安や恐怖心を日々煽《あお》られているような状況です。

その結果、「毎年流行する季節性インフルエンザと比べても大差なく、騒ぎすぎ」との専門家の少数意見はかき消され、「不要不急の外出は避けろ」「マスクと3密防止の徹底」「しっかりとソーシャルディスタンスを!」などと声高に叫ばれ続けているわけですが、そのあげくどうなったかというと、日本人同士、地域住民や家族であっても容易に近づくことは許されず、人間関係が殺伐《さつばつ》としてきたのは間違いありません。

マスクをしていないだけで、いきなり見ず知らずの「マスク警察」に怒鳴られたり、県をまたいで移動している人たちを一方的に批難したり、感染者が出たらトコトン叩くなど、まるで犯罪者のように扱う輩《やから》も少なくないようです。

風邪やインフルエンザのように、誰もが市中感染する可能性があるにもかかわらず、自分のことだけは棚上げして「他人は誰でも感染源になり得るので近づくのは危険だ！」との不安と恐れが日に日に膨れあがって、その不信感が親しい人や家族の間にさえも忍び寄っているのです。

それは、この夏、お盆休みにも顕著に現われました。

帰省ができずに、親族間で触れあう機会が絶たれ、とりわけ一人暮らしの高齢者などは子や孫たちと直接会うことができずに、年に一度の楽しみも奪われました。

その結果、老い先短いお年寄りほど意気消沈し、心身の免疫力も落ちたことでしょう。

帰省を諦めた人たちの理由が、東京などの感染者が多い都市部から帰省して、もしも実家の誰かが感染したら、家族が周りから白い目で見られてその地域にいられなくなるから、という人も少なくなかったようです。

現に、他府県ナンバーの車を見ただけで、告発者のようにネットに書き込んだり、嫌がらせをする輩が各地に続出したことからも、本当は帰省したいけれど家族に迷惑をかけたくないから帰るのを諦めたという人も多いでしょう。

実際、子どもが「夏休みに東京から従兄弟がやってくる」と地元の人に告げたところ、それだけで「じゃあ、あなたもしばらくここには来ないでほしい」と拒絶されたケースや、青森に帰省した男性宅の玄関前に、「なんでこの時期に東京から来るのですか？　知事がテレビで注意しているでしょうが!!」「さっさと帰って下さい!!」などと書かれた中傷ビラが置かれていたという報道もあります。

これを「コロナ差別」「コロナ感染者攻撃」といわずして何といえばいいのでしょうか？

「コロナ差別」と日本人同士の「心の分断」

お盆や夏休みといえば、地元のお祭りなどで懐かしい人たちや地域住民が集うせっかくの機会ですが、それもかないませんでした。

これは、思っている以上に私たち日本人のメンタリティーにダメージを与えます。

なぜなら、盆踊りは「絆ホルモン」と呼ばれるオキシトシンをお互いに出し合う数少ない機会であり、古来より、神さまと人々が一体化する中で心と身体の免疫力を高め、みんなで助けあって生きていくためのとても大切なイベントだからです。

ふるさとの肉親や親族、地域の人たちと楽しく触れあう貴重な機会が奪われてしまうのは、とりわけ情を養う場が少なくなっている若い世代の人たちにとっては、まさに心の損失です。

そもそも、ウイルスに感染することは生物学的な自然現象であって、本人の注意や努力によって防げるものではないし、ウイルスからすれば、いつでも・どこでも・誰にでも感染して自己増殖できることから、少なくとも感染リスクは基本的に誰もが同じはず。

まして、これまで人類は何度も集団免疫を獲得することでウイルスと共に生き延びてきたことから、新型コロナウイルスに感染したからといって大騒ぎするほどのものではないことは、良識人ならすぐにわかるはずです。

にもかかわらず、今回のコロナ騒動によって、「3密を避ける」「ステイホーム」「自粛」という大義名分の下で、親しい間柄や身内であってもお互いに不信感や忌避感を募らせているのは間違いありません。

そして、それがいつの間にか「新しい生活様式」として固定化され、一般国民に周知徹底させられるようになってから、これまでの日本の社会がガタガタと音を立てて崩れていくように感じるのは、決して僕だけではないでしょう。

少し前の日本人だったら、誰かが感染しても批難したり攻撃するのではなくて、お互いに助け合うとか、そっとしておいてあげるとか、心から同情したり相手をいたわってあげたりとか、そういうことをちゃんとわきまえていたはずです。

それがいつしか、新型コロナウイルス感染症にかかってない自分たちは正義で、コロナにかかっている奴らが犯人、だから俺たちが悪い奴らを取り締まってやるぞとばかりに、「マスク警察」や「自粛警察」があちこちに出現して、しかも連日のマスコミ報道によって、周囲もそれも仕方ないと思わせるような雰囲気ができあがってしまっているように見えます。

そもそも、新型コロナウイルスよりもむしろ人目が気になるからか、マスクを着用するという人の率がどんどん高まっていますが、マスクの着用によって酸欠になるリスクもあるのです。

酸素不足は免疫力を低下させるし、しかもさらに恐ろしいのが、ほとんどの場合、酸素不足状態にある本人にその自覚がないことです。

もともと、新型コロナウイルスによる不安というストレスが身体の酸素不足を引きおこし、そこにマスクの着用が酸素不足をいっそう悪化させていて、それで低酸素症になっているとすれば、新型コロナウイルスに感染した時点ですぐに重症化するのは当たり前でしょう。

そんなことは冷静になって考えればすぐにわかることなのに、マスクをしていない人を見るとまるで犯罪者を見るような目で見たり、感染した人に対しての誹謗中傷もどんどんひどくなっているようです。

勤務先への中傷電話が殺到したり、直接訪問して中傷したり、「死ね」などの嫌がらせメールも多く、家族の誰かが感染したら引っ越しを余儀なくされる人も多いようで、誰もが戦々恐々《せんせんきょうきょう》としています。

まるで「弱い立場の者は叩いてもかまわない」という空気です。

本来、そうでないものを勝手に絶対悪と正義に分けて、立場の弱い人たちをよってたかって徹底的に叩く――これは一神教の諸外国ではよく見かける事象ですが、少なくともかつての日本人は本来そんなことはしない、否、できない民族だったと僕は思います。

昔から「盗人にも三分の理」といわれてきたのは、何事も一方的に断罪することのない心の寛容さを持っていたのが本来の日本人のメンタリティーだからです。

コロナよりも恐ろしい日本人のメンタリティーの劣化

ところが、今回の新型コロナウイルス騒動で、日本人もあっという間に弱い者を叩くことで自分は正義面をするような劣等民族になり下がってしまったように思えてなりません。

だとしたら、新型コロナウイルスのリスクよりも、実はそのことのほうがよっぽど危ういのではないでしょうか⁉

コロナ騒動を冷静に捉えている良識人であれば、そのことにうすうす気づいていると思います。

現に、ネット上でも

「他人を批難したがる正義依存症」

「自分のことは棚に上げて犯人探しをしたがる完全主義者」

「人の心を荒《すさ》ませることがこの感染症の怖いところ」

「メディアが毎日のように不安を煽っているから」

「徹底した距離の分断が、心の分断まで引き起こしている」

などといったコメントが寄せられています。

いずれにしても、僕は今のコロナ騒動（コロナ報道）によって、一般の人たちの不安や恐れがどんどん肥大化して、これまで日本人がずっと大事にしてきた情や絆、寛容な心が失われつつあるように思われてなりません。

新型コロナウイルスが騒がれるようになって、なぜ急激に日本人のメンタリティーが劣化してしまったのか？

ここ数ヶ月間、そんなことを考えながら世論の動きを見ていたのですが、コロナ騒動で日本人が集団ヒステリー状態になっている原因はいくつか考えられます。

まず第一には、「同調圧力に弱い」という日本人のメンタリティーの問題です。

周りがみんなそうしているから、という理由で、自分もそうしないと仲間外れにされてしまうという不安から、そうすることの意味や価値を問うことなく、ただただ右に倣《なら》えをしてしまっているのが一つ。

もちろん、これは人に迷惑をかけてはいけないとか、地域社会のルールを守らないといけないという倫理観とも重なっているので、決して悪いことばかりではありません。

ですが、それが意味のないことや、むしろ害のほうが大きいことであれば、勇気を持って拒否したり、異論を唱えることのほうが人や社会のためになることもあるわけです。

つまり、同調圧力にはいい面と悪い面があって、このコロナ騒動によって、その悪い面がさらに激化してしまっている、少なくとも僕の目にはそう映ります。

人を見たら感染を疑い、できるだけ人を遠ざけ、さらには、差別や攻撃を正当化してしまう……。そんなふうに、日本人のメンタリティーそのものが劣化していっているのです。

ここまで深刻な影響を及ぼしているコロナ騒動の背景には、根拠のない不安や不信感からすぐに付和雷同《ふわらいどう》してしまうような、今の日本人の精神の脆弱《ぜいじゃく》さがあるのではないでしょうか。

つまり、ものごとを総合的に判断する力や感性、あるいは情や助け合いといった人としての核となる精神的基盤が弱まってしまっているからこそ、このような集団ヒステリー状態が起きている、ということです。

この状況は、まさに戦前と同じです。

太平洋戦争開戦当時、日本には優秀なリーダーが不在で、情報戦や軍事力においても圧倒的に劣っていて、どうみても勝てる見込みのない戦争に突き進んでいったわけですが、結局のところ、国民全体が非現実的な精神論だけで戦闘慣れした連合国に戦いを挑んだのです。

もちろん、連合国によるＡＢＣＤ（アメリカ・イギリス・中国・オランダ）包囲網によって、日米通商航海条約の廃棄、日本資産の凍結、対日石油禁輸など日本への対抗策を強化されたという背景があるにしても、優秀なリーダーが不在で、戦争を望まない天皇陛下のお気持ちにも逆らってしまったことが敗因につながったのは間違いないでしょう。

つまり、時の首相にも天皇にも最終的な決定権がないまま、誰も望んでいない開戦に向かって押し流されていったということです。

誰も望んでいないのに、その場の空気に押される形であらぬ方向にどんどん進んでしまって取り返しのつかないことになってしまう――それが同調圧力の怖さであり、負の側面です。

これは同調圧力によって付和雷同してしまう集団心理でもありますが、その結果どうなるかというと、誰もが息苦しいストレスフルな状態になって、そのうちに誰かを犯人扱いしたり、スケープゴートにしようという心理が働きます。

今回のコロナ騒動にしても、こうした傾向が顕著に見られるわけですが、そもそも誰も明確な「犯人」がいるわけではないのです。

これが今回の新型コロナウイルスが出回った経緯だ

ここで、僕が信頼できる筋から得ている、今回の新型コロナウイルスが出回った経緯についてお伝えしておきましょう。

◎まず、アメリカのある科学者が、カナダにあるアメリカ政府とカナダ政府の共同ウイルス研究所に滞在していた中国人夫婦の研究者に、新型コロナウイルスの株を売った（この科学者は後にＣＩＡに逮捕される）。

◎中国人夫婦は、その新型コロナウイルス株を中国に持ち帰った。アメリカ側はＣＩＡの諜報員を使ってその中国人が武漢に新型コロナウイルスを持ち帰ったことを確認し、そこで新型コロナウイルスを培養していたコウモリを逃がすことにした。

◎ところが、中国内部の内紛があり、ある意図を持った中国共産党の幹部によって、そのコウモリを武漢の市民に食べさせて人間に感染させてしまったことから、新型コロナウイルスの感染者が一気に国内外に広がっていった。

この中国共産党の内紛については後述しますが、ここで想定外のことが起きます。

アメリカ側の策略を知った中国が、怒って報復措置に出たのです。

何をしたかというと、アメリカに反撃するために、新型コロナウイルスを徹底的に研究し、自分たちで遺伝子操作をして、白人をターゲットにするウイルスに変異させたのです。

たんぱく質の構造を変えることで鼻の粘膜に付着しやすいウイルスにしておけば、高い鼻筋の白人を狙えるというわけです。

その変異させたウイルスを、アメリカ人富裕層の連中がよく冬のバカンスに利用するイタリアのミラノ空港とロンドンのヒースロー空港にバラまいたことからヨーロッパ、特に北イタリアで新型コロナウイルス感染症が一気に流行しました。

もちろん、本当はアメリカ本土でバラまきたかったのだけれど、9・11以来、アメリカ本土の空港は警備が厳しくなっていたために、ミラノやロンドンでバラまいておけばバカンスにやってくるアメリカ人に感染して、すぐにアメリカ国内に感染が広がるだろうと踏んだのです。

これが、ヨーロッパで大部分を占めているD614G型の新型コロナウイルスです。

このウイルスがアメリカ大陸に広がっても、感染したのは白人がほとんどで、黒人や日本を含む東洋人の感染者が少ないのは、鼻の低い人種だったことやマスクの習慣が徹底していることで感染を免れているのです。

この中国からの報復に関しては、トランプ大統領も計算外だったようで、当初の新型コロナウイルスは毒性が弱いことを知っていたために「私はマスクはしない」と断言し、世界中で蔓延しているにもかかわらず、「ロックダウンを止めろ」などと発言していました。

ところが、アメリカ国内での感染者が増大するにつけ、トランプ大統領は「米国にもたらした甚大な被害を含めて、(新型コロナウイルスの)パンデミック(世界的大流行)の醜悪な様相が世界中に広がる様子を見て、中国への私の怒りは増大している」(6月30日)とツイートし、中国との対立姿勢を明確にしたのです。

コロナ騒動に乗じて一気に広がっている「陰謀論」

このような経緯を知らない人たちが、嵌まってしまっているのが、ネット上を飛び交っている「陰謀《いんぼう》論」です。

ようするに、こういうことです。

新型コロナウイルスは、闇の勢力の陰謀によってしかけられた未知のウイルスであり、

闇の勢力たちは、この新型コロナウイルスを使って人口削減を目論んでいる……。

あるいは、トランプ大統領が、闇の政府（ディープステート＝ＤＳ）・イルミナティによって人身売買されている子どもたちを救い出すためにコロナ騒動を起こし、

その隙に、ディズニーランドの地下に閉じ込められていた子どもたちを救い出した。

そして、トランプ大統領に対抗しているビル・ゲイツが、ワクチンにチッ

プを埋め込んで世界中にばらまいて、人類を管理し、大儲けしようとしている……。

このような主旨の陰謀論が動画も含めてネット上でたくさん拡散され、「裏の犯人は闇の政府・イルミナティに違いない！」「何も知らない日本人は、闇の政府・イルミナティによって洗脳されている」「早くこの真実を一人でも多くの人たちに知らしめなくてはいけない!!」と信じ込んで、さらにその受け売り情報を拡散し続けている人たちがかなり多いようなのです。

あらかじめ断っておきますが、僕はこの世に陰謀はないとか、洗脳なんてナンセンスなどというつもりは毛頭ありません（詳しくは後述）。

むしろ、国際政治は陰謀や洗脳だらけで、そのような権謀術数にほとんど縁がないのが日本人です。

なので、ここではまず「洗脳とは何か？」について解説しておくことにしましょう。

洗脳とは、ある意図的な情報（フェイクニュース）を、無自覚に脳にインプットさせて思いどおりにコントロールすることです。

旧ソ連のKGB、イスラエルのモサド、イギリスのMI6、アメリカのCIAなどの情報機関、あるいは「闇の政府」「陰の勢力」などと呼ばれる一部の超特権階級など、世界にはさまざまな洗脳のプロ集団がいて、彼らが自分たちの私利私欲や支配欲からメディアや教育機関などを使って国や地域の弱い立場の人々を洗脳し、陰で世論をコントロールしていることは、陰謀論者でなくても世界の常識です。

ひと頃、統一教会による信者へのマインドコントロールが社会問題化したことがありましたが、それ以上の弊害をもたらすのが世界的規模の大衆洗脳です。

なぜなら、権威に弱く、生真面目なタイプほど洗脳にかかりやすいからです。

また、権謀術数《けんぼうじゅっすう》がものをいう国際社会においては、情報収集力と分析能力、そして戦略的な思考を駆使するのが当たり前ですが、この点においても日本は非常に遅れていて、それが「外交オンチ」といわれるゆえんでもあります。

そのため、洗脳のテクニックや陰謀の実態についても日本人の大半は無関心で、これまでも、また今もまったく無防備のままといっても過言ではないでしょう。

「待て!」と命令された犬のように、どこにも出かけない日本人

なので、僕も当初は、今回のコロナ騒動であまりにもマスコミの情報を鵜呑《うの》みにしている人が多いので、これはイルミナティの陰謀なのか(?)と思ったほどです。

実際、驚いたのは、知人がずっと家にこもって外出をしていないというので、僕が「なんで出ないの?」と聞いたら、「だって緊急事態宣言で、不要不急の外出はしちゃいけないから」とのことでした。

僕は驚いて「エッ!? 一歩も出てないの?」と確認したら「はい、一歩も出ていません!」と、さもそれが正しいかのように自信に満ちた言葉が

返ってきたのです。

おそらく、その人は、マスコミが流している情報だけを鵜呑みにしていたのでしょう。

つまり、視野が狭く、従順な日本人の大半が、洗脳されやすいということです。

洗脳する側からしたら、絶対に他人に迷惑をかけてはいけないと思い、自分の考えよりも周囲の目を気にする日本人ほど洗脳しやすく、メディアを駆使すればするほど、まさにスポンジに水の如しで、いとも簡単に自分たちの謀略を達成することができるのです。

一般小市民たちがそのように騙《だま》されてしまうメディアのニュースの作り方、特に政治家や感染症の専門家と称する人たち、自治体の長たちの日々の発言などを見聞きするにつけて、日本人の洗脳に対する無防備さを痛感せざるを得ません。

実際に、彼らの発言によって、結果として7割の真っ正直な人は本当に家から出ることもなく、まるで「待て！」と命令された犬のように行動を制限され、必死で我慢し続けている日本人が何と多いことか!!

これこそ、周りの空気や同調圧力にしたがってしまう日本人の特性の一つですが、確かに、洗脳する側からしたら、いとも簡単に意のままに操れてしまいます。

これが洗脳のメカニズムだ!

こうした洗脳に気づくためには、どのように洗脳が行われるか、そのテクニックを知っておくことが必要です。

そこで、洗脳の基本的なセオリーをお伝えしておきましょう。

まず、人を洗脳するには、断片的な五感刺激や印象的なわかりやすいワンフレーズをくり返し発信することで、相手に印象やイメージだけを刷り込み、思考停止させることです。

洗脳のメカニズムについては、元々精神科の医師や脳科学者らが研究をしてきたのですが、薬剤によらない洗脳の方法については、できるだけ外界からの刺激を遮断したうえで、視覚や聴覚を通じて断片的で印象的な情報を一方的に与え続けるのが一般的なやり方です。

そうすると、どうなるか？

やがて思考が停止して、視覚や聴覚から入ってきたその単一の情報だけが脳幹網様体《のうかんもうようたい》と呼ばれる脳神経組織を経由して意識に取り込まれ、その結果、受け手は無意識に情報を送っている側（洗脳者側）の思いどおりの選択・行動を取るようになるのです。

これは、多かれ少なかれ、広告やメディア、教育や政治などの常套手段でもあります。

なぜなら、洗脳の証拠を残さずに、そっと大衆の潜在意識に働きかけながら人々の嗜好や価値観、消費欲や購買欲を意のままに操ることができるからです。

中でも一番手っ取り早い方法は、単純な単語をくり返すことです。

短い言葉やわかりやすいフレーズを何度も何度もくり返すだけで、相手は無批判にそれを頭の中にインプットしていきます。

ですから、たとえば政治家の選挙演説などで、小難しい理屈をいう人は選挙で落ちて、自分の名前だけを連呼し続けたり、政策もワンフレーズでずっと押しとおせば当選する、などと昔からいわれてきたのです。

人の名前や簡単なフレーズを毎日聞かされていると、それだけが頭に残って、投票所に行ったときに、ついそれを投票用紙に書いてしまうからです。

このように、洗脳の基本は、頻繁に同じ刺激を与え続けることで、特に日頃からあまり自分の主張をしない受け身型のタイプの人間には効果的です。

自己主張の強い理論派がかかりやすい洗脳術

そしてもう一つ、洗脳の基本となるのは、刺激や情報を一切遮断することです。

こちらは、どちらかというと自己主張の強い理論派がかかりやすい方法です。

一例として、1970年代の学生運動が盛んだった頃、実際にあった話しを例にあげましょう。

当時は、東京大学などで日米安全保障条約継続を機に始まった全共闘などの学生運動が全国に広がり、国公立大学や私立大学の大半が、何らかの闘争や紛争状態になり、時の政治政策や大学の自治問題などによって学生と機動隊が激しくぶつかりあっていました。

闘争による死者も出たことなどから、一部の運動家（リーダー）が逮捕されたのですが、そこで刑事がその活動家を尋問するときに、あることによって活動家の態度が一変したというエピソードがあります。

初めに、ある若い新米刑事がその活動家を理屈で追い詰めようとしたら、反対に頭のいい活動家に論破されてしまって、それ以上何も聞き出すこともできませんでした。

それで困っていたら、警視庁の定年間近の老齢の刑事さんがこういったそうです。

「お前らはバカだな、相手は東大出てんだよ。ヤツを地下の留置室に3日入れて、いっさい誰もしゃべりかけるな。そうすれば、すぐにゲロし始めるから」と。

若い刑事はそのアドバイスにしたがって、一旦尋問を取りやめ、彼を留置場に入れて食事だけを与えて、しばらく様子を見ました。

すると、その活動家は1日目は静かにしていたものの、2日目からしゃべりたくてしょうがない様子になり、3日目になったら「もうしゃべらせてくれー！」と自ら刑事に申し出て、なんでもペラペラしゃべって自ら罪を認めたというのです。

このように、洗脳のやり方としては、「ある一定の情報を一方的に流し続ける」（前者）ことと「他の刺激・情報を一切遮断する」（後者）の両方があって、いずれか一つ、または併用する形で実行されます。

つまり、日頃自己主張していない小市民は、権力者から同じことをガンガンいわれ続けるとその気になってしまう。

逆に、いつも頭をグルグル回らせているような理論派には、刺激をシャットダウンして一切交渉を絶つと、「もうしゃべらせてくれー、話相手がほしいから何でもする」となって洗脳者側の思いどおりになるのです。

中立・公正な科学的知見や批判的な立場からの報道をしないわけ

従順な日本人に対しては、主に前者の方法が用いられることが多く、今回のコロナ騒動も、ある意味、マスコミによる疑似洗脳のようなものといえるかもしれません。

現に、テレビのニュースを見ても、どの放送局も毎日毎日新型コロナウイルスのニュースばかり。今日の感染者数、過去最大という各地の人数、検査陽性者数（陽性率）、逼迫した医療体制等々、どれも本当の実態や根拠がわからない見かけの「数値」ばかりがただ踊るだけ。

特にNHKなどはずっとコロナ一辺倒で、それ以外のニュースはほとんど取り上げない方針のように感じられます。

また、小池東京都知事にしても、定例記者会見で「今日の感染者数は……」「外出を控えてください」と連日いい続け、医療提供体制が逼迫《ひっぱく》した場合、「都独自の緊急事態宣言を発することも考えざるを得ない」と述べ、宣言発令時には、再び休業要請を検討すると断言しています。

都知事の表情も日に日に目つきが悪くなって、とにかく新型コロナウイルスは怖い、死につながると都民の恐怖心を煽り、ときおり外国の悲惨な状況を見せることによって、漠然とした不安感や他者に対する不信感を募る結果になっています。

海外の「ロックダウン」と連動する形で「ステイホーム」や「緊急事態宣言」をしておけば、ごく普通の小市民的な人たちはそれだけで信じて疑わず、確たる根拠を求めることもしなくなるのです。

現に、NHKの世論調査では、国が再び緊急事態宣言を出すべきだと思うかどうか聞いたところ、「出すべきだ」が57％で約6割、「出す必要はない」は28％に留まっています。

しかし、帰省してはいけない、めったに会えない家族にも近づいてはいけないとされる理由は、はたして本当に信頼できる情報や根拠に基づいているのか（？）といえば、単にＷＨＯや御用学者たちが発する作為的な情報に振りまわされているだけなのです。

この点については、各専門分野の研究者たちが政府の忖度《そんたく》をしたり、マスコミが提灯記事《ちょうちんきじ》を書いたりすること自体に大いに問題があって、中立・公正な立場での科学的知見や批判的な立場からの報道をほとんどしていないことが問題なのです。

これは、特定の勢力による洗脳が行われていなくても、結果的に、日本人同士の絆が断ち切られてしまうという、極めて致命的なダメージを与えることになりかねません。

パート
2
なぜ今の日本人は付和雷同しやすいのか？

権力にすり寄る「研究者」たちが世論をミスリードしている

では、特定の勢力による作為的な洗脳が行われていなくても、なぜ今の日本人は付和雷同《ふわらいどう》してしまうのか？

その一番の原因は、マスコミに登場する各分野の専門家たちが、時の権力者の忖度をしてしまっているからです。

本来、マスメディアで発言するような専門家たちは、中立・公正な立場の「科学者」として発言すべきなのに、「研究者」という立場から政府や権力者側の意向を汲んだご都合主義的な発言に終始していて、それが結果的に、為政者たちにとって都合のいい世論形成につながってしまっているのです。

ようするに、リーダーシップを発揮できない研究者たちの頭の中は、科学的な知見や見解よりも、時の権力者や世論の支持が得られそうなことを適当に発言しておけば、自分の立場も安泰でマスコミからも重宝される、そのような私利私欲しかないからでしょう。

そんな情けない研究者が蔓延《はびこ》ってしまい、普遍的な真理や道理を主張する「科学者」が息を潜めてしまっているのが、残念ながら今の日本の現状です。

僕は10年ほど前から、自然科学であっても人文科学であっても専門的に学問を修めた学者ならばちゃんと「科学者」と名乗り、またそう紹介すべきだと進言してきたのですが、マスコミ関係者から「研究者」でも同じでしょといわれ、今ではみんな「研究者」としてまかりとおっています。

ところが、「科学者」と「研究者」では、その意味合いはまったく違うのです。

たとえば、ノーベル平和賞受賞者で旧ソビエト連邦反体制派の象徴とされるアンドレイ・サハロフ博士は、「反体制科学者」として世界的に知られている人物ですが、彼は決して「反体制研究者」と呼ばれることはありません。

なぜなら、科学者とは、サハロフ博士やアインシュタイン博士のように、自分自身の信念と関心事に基づいて果敢に行動できる人のことだからです。

サハロフ博士は、水素爆弾の開発に携わり「ソ連水爆の父」と呼ばれた一方で、のちに自らの良心に基づいて反体制運動家、人権活動家として活動したことによってノーベル平和賞を受賞し、「ペレストロイカの父」とも賞されました。

そのような自らの信念や良心に基づいて生きる科学者に対して、一般的な研究者は、権力者の要請にしたがってただ黙々と研究をしているだけで、基本的に自分の哲学、思想、考えを持ちあわせていません。

とにかく、上からいわれたとおり研究をしている人、これが本来の研究者という意味です。

それに対して科学者というのは、政府機関や特定の勢力から、仮に「核兵器や生物兵器をつくれ」などといわれても決してそんなことはしないでしょう。

たとえ殺されてもそれを断るのが、良識ある科学者だからです。片や、どんな命令にも黙って従うだけの研究者なら、ウイルス兵器も平然とつくり出してしまうでしょう。

ですから、もし権力者の命令で生物兵器としての新型コロナウイルスをつくり出した人物がいるなら、その人物は決して真の科学者とはいえません。

本来、科学者たるものは、自らの良心や信念に基づいて人類の平和や発展にとって真に役立つ研究をすべきなのです。

しかし、10年くらい前から日本のマスコミが意図的に科学者という言葉を使うのをやめて研究者と呼ぶようになったことから、それまで科学者だった人も、権力にすり寄る一介の研究者に成り下がってしまったのです。

今のコロナ騒動を見ても、残念ながら、日本で骨のある科学者はほとんどいないか、いても極めて少数派としか思えません。

精度の低いＰＣＲ検査はやっても意味がない

一方、海外には信念を持った科学者たちが少なからずいて、今回のコロナ騒動に対しても、彼らは極めて科学者らしい発言をしています。

その一つが、ＰＣＲ検査に対する正当な評価です。

ヨーロッパで最初に新型コロナウイルスに対して「ＰＣＲを検査しなければいけない」といわれはじめたときに、イギリスの科学者たちは声を上げて「そんな無駄なことはやめろ」といったのです。

もちろん、その理由は、ＰＣＲ検査の精度の低さです。正しく陽性と判定される割合（感度）は70％に過ぎず、30％も「偽陰性」が出てしまうからです。

ＰＣＲ検査でわかるのは、その時点で体内に一定量のウイルスがいるかどうかだけで、数日後にはウイルスが増えたり、新たに感染したりするリスクがあります。

ようするに、かなりの割合で偽陰性や偽陽性が出てしまい、本当に感染しているかどうかは不確かなままなので、結果的によけいに混乱を招く結果になるのです。

これは、生物科学系の科学者なら皆知っていることで、イギリスの科学者が「そんなことをやったってはっきりわかるわけないし、かえって感染拡大につながるだけだ」といったのですが、その途端、彼らは二度とマスコミに登場できなくなりました。

そして、なぜかイギリス政府も、ＥＵも、アメリカも、韓国も、ＰＣＲ検査をガンガンやって陽性者を封じ込めようとロックダウン（都市封鎖）処置を実施したのです。

その一方で、日本は最初の頃はＰＣＲ検査を控えたものの、新型コロナウイルス対策専門家会議が「他人との接触を8割削減する」という目標を打ち出して全国民に自粛を徹底させ、徐々にマスコミ・世論に押される形で、「ＰＣＲ検査で陽性者をあぶり出して一刻も早く感染者を隔離せよ！」「経済を回すにはＰＣＲ検査を徹底するしかない」との方針に変わっていきました。

これは、ロックダウンという法的処置をしなくても、日本人は同調圧力によって結果的にロックダウンと同じ状況に至ることが容易に想定できたからでしょう。

しかし、唯一それをしなかったのがスウェーデンです。

スウェーデン政府の感染症対策の顧問であるヨハン・ジェセック教授は、過去さまざまなパンデミックを経験してきたエキスパートで、規制やロックダウンを行わない理由について「証拠がないから」といっています。

ようするに、新型コロナウイルスには誰もが感染するけれど、ほとんどの場合、無症状か軽症で、ウイルスの拡散そのものを防ぐ手立てはほとんどない。

それゆえ、ロックダウンをしても先延ばしするだけで、各国の今後の死亡者数は、ロックダウンする・しないにかかわらず、結局、同じ数になる、ということです。

そのスウェーデンがどうなったかというと、一時的に死亡者数は増えたものの、現在は集団免疫を獲得したようでほぼ終息していて、死亡者もゼロに近い状態です。

そして、医療崩壊を防ぐという第一の目標は達成され、国民も規制やロックダウンをしなかった政府の方針を指示しており、次に大きな感染が起きても同じような対策を取るとしています。

つまり、ロックダウンや日本の「ステイホーム」は意味がないだけでなく、結果的に経済を大きく疲弊させ、文化・芸能活動などもすべてストップさせて、人間関係までをもズタズタにしてしまうというダメージのほうが圧倒的に大きいということです。

コロナ肺炎の原因は腸内の悪玉菌だった

そもそも、新型コロナウイルスに対してはいくら自粛をしても感染拡大の防止にはならないことは、日本でも一部の科学者が指摘しています。

去る6月11日に行われた大阪府の「新型コロナウイルス対策専門家会議」で、大阪大学核物理学センター長の中野貴志教授も、「データを見る限りでは、(外出・営業の自粛と感染拡大との間には)相関が少ない」と明言しています。

また、国際医療福祉大学大学院の高橋泰教授も、ＰＣＲ検査ではなく、ウイルスの遺伝子解析が重要で、新型コロナウイルスが変異していないとわかれば、「98％は自然免疫で治る」と述べています。

高橋教授は、『アメリカ医師会雑誌』に発表された「新型コロナウイルスの診断テストの解釈」という論文に関して、新型コロナウイルスは毒性が弱いため、生体が抗体を出すほどの外敵ではなく自然免疫での処理で十分と判断しているのではないかと解釈し、「なかなか獲得免疫が動き出さないが、その間に自然免疫が新型コロナウイルス感染を処理してしまい、治ってしまうことが多い」という仮説を立てています。

この仮説が正しければ、感染初期の人は無症状または風邪のような症状であり、自分が新型コロナに感染したという自覚がないうちに治ってしまうわけですが、もしこの時期にＰＣＲ検査を行えば、新型コロナウイルスは身体の中にいるので「陽性」となることもあるのです。

一方、まだ抗体はできていないので、抗体検査を行えば当然「陰性」となるわけです。

その後、症状が進んで獲得免疫が発動しても、ごく一部の人でサイトカイン・ストームが起きて死に至るケースがあるとはしても、これまで多くの人がすでに感染していて、自然免疫でほとんどの人が治っていると考えたほうが、死亡者数が少なくて、無症状のPCR陽性者が数多く発生している現状についても充分説明がつきます。

であれば、第2波が到来しても、日本人はこの自然免疫の強さのおかげで、再び欧米より被害が軽くなる可能性が高いのです。

また、高齢者を中心に感染者の約15％は重症肺炎となり、約5％は急性呼吸促迫症候群《きゅうせいこきゅうそくはくしょうこうぐん》（ARDS）になるといわれ、そのため致死率が高くなるのは確かですが、これは新型コロナウイルスの仕業ではなく、実は腸内細菌が原因と考えられます。

その根拠として、香港中文大学医学部（CU Medicine）の研究チームは、新型コロナウイルス感染症（COVID-19）患者の腸の中には、フィーカリバクテリウムプラウスニッツィなど複数種類の「善玉菌」が存在していないことを突き止め、国際医学誌『Gastroenterology』に発表しています。

ようするに、腸内細菌が結核菌と同じように悪玉化して、血流に乗って肺の奥の方でサイントカイン・ストームを誘導して、結核と同じような重篤な肺炎になって死に至らしめる、というのがコロナ患者の肺炎のプロセスなのです。

抗生剤の投与でコロナ患者が救われる

「新型コロナウイルス患者の肺炎には抗生剤が効く」、それを知った医師団たちは、その治療薬として実際に抗生剤を使っています。

もちろん、ウイルスに抗生剤は効かないので、最初から新型コロナウイルスの肺炎に対して、どの国の医師団も抗生剤などは使っていませんでした。

それが、ウイルスと闘う腸内細菌（善玉菌）が少ないと悪玉菌が血流に乗って肺炎（細菌感染）を起こすことがわかったことから、医師が新型コロナウイルス感染症患者に対して細菌を殺す抗生剤（抗菌薬）を投与したところ、肺炎の症状が次々と改善しているのです。

細菌感染の場合は、ウイルス感染と違って、1回の抗菌薬の投与で菌が死滅して炎症が収まり始めるため、抗菌薬を投与すると即効性が発揮されるからです。

つまり、抗生剤を投与すれば重症化が防げるのです。

このことは、現場の医師たちがすでに知っていることです。

ところが、なぜか世界保健機関（WHO）は、「抗菌薬は新型コロナウイルスの予防にも治療にも効果がない。その上有害かもしれない」と抗生剤を使用しないよう警告しています。

したがって、希望はワクチンしかないものの、開発されるのはまだ先の話しとして、日本ではこれまでどおり人との接触を避け、相変わらず家に引きこもる戦略を強いられています。

抗生剤の投与でコロナの患者が救われるのなら、「なんだ、インフルエンザより危険じゃないんだ」「普通の風邪程度なんだ」と安心し、ドクターたちも「抗生剤を試してみよう」となって、一気に世の中の気分が晴れるはずなのに、なぜかそうはさせない。

コロナ騒動が終息するまではこれまでどおり自粛し続けるしかない、そう思い込んでいるとしたらまさに「かつて来た道」としか思えません。

世界各国の良識ある科学者の間では正しい情報が共有されているのに、日本の研究者たちは、知ってか知らずかそれを口に出すことはしないのです。

ですから、日本のマスコミが一方的に垂れ流す情報を決して鵜《う》呑《の》みにするのではなく、広範囲にアンテナを張って、海外情報を含めできるだけ確度の高い情報を得ることが何より重要です。

そもそも、厚生労働省の人口動態統計によると、2018年にインフルエンザで亡くなった人は3325人もいるのです。

しかも、平成31（2019）年1月時点では「1日平均54人」がインフルエンザで亡くなっていることから、それほどウイルス感染が気になるなら、インフルエンザの感染者のデータも示すべきなのに、なぜかそれには一切触れていないのもまったくおかしな話しです。

これも「右向け右」という同調圧力の負の側面、付和雷同型報道の真骨頂なのでしょう。

何でもかんでもリモートで行う「新しい生活様式」に潜む罠

それともう一点、今回のコロナ騒動で僕がとても気になっていることが、この機に乗じてリモートによるデジタル（ＡＩ）社会の徹底化が図られるのではないかということです。

つまり、この機会に「新しい生活様式」と称して、何でもかんでもリモート（オンライン）化することによって、リアルな対面による温もりのある交流が益々できにくくなってしまうのではないか、ということです。

社会や組織の中にデジタル技術を浸透させていくことをデジタルトランスフォーメーション（ＤＸ）というそうですが、企業や自治体などは、これを革新的なイノベーションをもたらすものとして、こぞってＤＸのプロジェクトを進めていくようです。

ということは、ＡＩ（人工知能）や５Ｇ（第５世代移動通信システム）といった技術も無批判にどんどん拡充されていくことを意味していて、そうなれば、新型コロナウイルスのリスクよりも、より深刻な問題です。

なぜなら、社会や組織という場が極端にデジタル化されれば、人間そのものもデジタル化されてしまって、日本的な情緒や感性が損なわれたり、想像力や創造力といった人間らしさも脆弱《ぜいじゃく》になってしまうからです。

というのは、リモート、つまりデジタル通信は、高齢者などＩＴやネット環境に疎《うと》かったり苦手な人を切り捨てると同時に、リアルな対人コミュニケーション（オフライン）よりも冷たく、一方的でつい過激な表現をしてしまいがちだからです。

ちなみに、僕も今回のコロナ騒動の影響で、数ヶ月前に講演会の主催者から「リモートでやりましょう」といわれたので、初めてリモート講演をやることになりました。

一人でカメラに向かって一方的に話しをするわけですが、いつもは１００人くらい参加者がいるはずの会場には、もちろん誰もいません。

三脚の上にカメラがあって僕を映していて、主催者は脇にいてパソコンで操作をしています。そのパソコンの画面には、今、自宅で僕の講演を聞いている人たちが映し出されていて、自分の顔を出している人もいれば、出していない人もいます。

そんな状況で僕が一人で2時間くらいずっとしゃべり続けていたのですが、そうしたら、しゃべっている内容や表現が徐々に過激になっていったのです。

途中で、「あれ!? いつもだったらこんなきつい表現しないのに」とふと気づいたんですが、なぜかついつい過激な表現をしていて、特に後半になると「いつもと違ってかなり大胆なことを発言していましたね」と主催者からいわれたくらいです。

それで確認しようと思って録画を見てみたら、身を前に乗り出してかなりきつい表現を連呼していた自分の姿があって、「いやー、僕、人前じゃ絶対こんなこといわないよ」と思わず自分で突っ込みを入れたくらいですが、実際にそれは「人前」ではなかったわけです。

人前ではなく、カメラに向かって喋っているので、話しを聞いてくれている人たちのリアルな反応がわからないために、つい普段いわないような過激な表現をしていたのです。

ネットやリモートだと思慮が外れて過激な表現になりやすい

いつもの講演会場であれば、最前列に10人くらい人がいて、顔ははっきり見えなくてもその人たちの反応を何となく見極めながら、できるだけ柔らかい表現でしゃべります。

ところが、目の前にあるのが金属製の三脚の上に取り付けられたビデオカメラだけなので、まるでロボットに向かってしゃべっているようにこちらも機械的な感覚になって、徐々に表現が過激化していったのです。

目の前に人がいれば僕との相互作用が起きるところが、機械に向かって話していると相手との相互作用が起きないために、独り善がりになりやすいということでしょう。

普段は穏やかな人が、一人で車のハンドルを握ったとたんに過激な運転をするのと似ていて、ネットオタクたちのカキコミが過激だったり、異論があるとすぐにネットが炎上してしまうのも、たぶん同じ理由だと思います。

人前では、さすがにこういう表現はマズイよなとかと思慮が働くところが、周りに誰もいないネットやリモートだとそのストッパーが外れやすく、無意識の感情が露呈しやすくなるのです。

このように、リアルなコミュニケーションから、ネット配信やリモートなどのバーチャルなコミュニケーションへと変化を強要されつつある昨今ですが、デジタルコミュニケーションの弊害についてはほとんど取り上げられることはありません。

現に、新型コロナの感染拡大防止を名目にした、テレワーク、在宅勤務、リモートワーク等の「出社をしない」働き方が推奨されていますが、政府の方針やマスコミ報道を見ていると、どうも「ウィズコロナ」や「新しい生活様式」という言葉の裏に、デジタルインフラの強化・拡充による徹底したIT／AI社会を推し進めたいという意図がかいま見えるのです。

実際、リモート会議、リモート飲み会、オンライン講座や授業、リモートオフィス等々と称して分野や世代を超えてデジタルインフラ化が広がっていて、それが新型コロナウイルス感染拡大対策という名目の下でもはやスタンダードになりつつあるのは皆さんもご承知のことでしょう。

また同時に、この期に乗じて「電子決済も新型コロナウイルス感染拡大対策につながる」とキャッシュレス化も推奨されていて、現金を避ける傾向も高まっていて、高市総務大臣などは、マイナンバーと銀行口座の紐付けの義務化に向けて取り組むことを明らかにしています。

これらは、デジタル社会についていけない人たちを切り捨て、すべてIT／AIによって一元的に管理・コントロールできる体制をつくろうとしているように見えます。

しかし、一般の小市民にとっては、新型コロナウイルスによるストレスに加えて、デジタルインフラの推進によって生じる問題や弊害も多く、それだけストレスフルな社会になる恐れがあります。

なぜバーチャルなコミュニケーションだけを続けていると問題が生じるかというと、そこでやりとりする情報が極端に制限されて、それをカバーするアナログ的な対応ができにくくなるからです。

情報のやりとりは、単に言語（言葉）だけではありません。

心理学における「メラビアンの法則」によると、相手に伝わるのは言語情報がわずか7％に過ぎず、聴覚情報（口調や・速さ・声の質など）が38％、視覚情報（見た目や視線・表情など）が55％といわれています。

つまり、相手と円滑なコミュニケーションをはかるためには、声のトーン、間、いい方、会話のテンポ、さらに、顔の表情や動作、腕組みといったしぐさなど言葉以外の非言語的な要素が非常に大きな役割を果たしているのです。

デジタルインフラの強化は、ロボットのように人間をこき使う大衆洗脳政策

リアルな対面でのやりとりであれば、お互いにこうした全体情報をキャッチしながら、言語と非言語の両方を介して相手のいいたいことや感情、意

図などを理解できます。

ところが、リモート（オンライン）などのバーチャルコミュニケーションの場合は、どうしても機械的なやりとりになるため全体情報が制限される分、誤解や曲解が生じやすく、感情もかみ合いにくくなるのです。

これは、相手が自分と同じ時間と空間（場）を共有していないからですが、そもそも人間の理解力や思考力、想像力といったものはアナログ的な働きが大きいことから、デジタル社会になればなるほどその能力が欠落して、その結果、感性や知性が乏しい人間が増えてしまうことが予想されます。

一言でいうと、コミュニケーション不全の「デジタル人間化」です。

これは、洗脳する側からしてみれば、自分たちにとっては最も都合のいい方法です。

なぜなら、デジタル（ＡＩ）人間は、電子制御によって動かせるロボットのように、彼らの思いどおりに管理・コントロールできるからです。

パート

3

イエスキリスト・隠遁者様・安倍晴明からの警告

今年1月4日に行われた、キリスト、隠遁者様、安倍晴明の三者会談

コロナ騒動で、リモートやデジタル化が加速する不気味さを肌で実感した僕にとって、今年（2020年）の正月、1月4日に起きたある衝撃的な出来事と、今の現実がピタッと結びつきました。

新年の初めに何があったのかというと、豊かな感性で人々を愛の霊性で導いているはせくらみゆきさんから突然連絡があり、「フィレンツェから年末年始だけ日本に帰ってきたのでぜひ会いたい。雑賀君にも会いたい」ということで、3人で会ったのですが、僕はそこで衝撃的な話しを聞いてしまったのです。

はせくらみゆきさんはスピリチュアルな能力をお持ちのかたで、僕も何度かお会いしていて、とても信頼できる女性です。また、雑賀君というのは彼の背後に陰陽師の安倍晴明《あべのせいめい》がついている少年・雑賀信朋君のことで、少し前に僕との共著『秘密結社ヤタガラスの復活——陰陽カケル』（青林堂）

も出版されています。

それで僕から雑賀君に連絡をして、はせくらみゆきさんと僕と雑賀君の3人で品川プリンスホテルのラウンジで落ち合ったのですが、はせくらさんがいきなり安倍晴明少年（雑賀君）に「安倍晴明、最近どうなってるの？」と彼の背後にいる安倍晴明に向かって話しをし始めました。

すると、今度は、はせくらさん自身に、イエス・キリストとエスタニスラウ神父様が交互に降りてきて、僕の目の前でいきなり三者会談が始まったのです。

エスタニスラウ神父様というのは、イエス・キリストの命を受けて日本に光の柱を打ち立てに来られたスペイン人隠遁修道士のことです。彼が亡くなられた後、僕が隠遁者様の意向を引き継いで光の柱を立てさせていただくことができたのですが、僕にとってはかけがえのない恩師です。

その三者会談を聞いていて僕が一番驚いたのは、お三方ともが「今年が一番大事。今年が一番大事で、今年ボーっとしていたら今までの努力が無になる。今年は必死で頑張らなきゃいけない」という発言をされたことです。

お三方ともとてもきつい表現で話されていたので、今も僕の頭にこびりついていますが、そのときに僕が「少し説明してください」とお願いしたら、「反キリストが出てきつつあるから」とのことでした。

ようするに、こういうことです。

◎反キリストというのは、特定の人物ではなく、世界的な5Gネットワークが完備されたときにAIとつながって、ある意図を持ったAIが5Gネットワークを利用して、地球をほぼ支配するということ。

◎その目的は、私たち人間が神様を直接感じることができないようにするためで、そのためにAI、5Gネットワークシステムが存在する。

これをたとえていうと、犬の上には人間がいて、その上に神様がいる。そのために、犬には神様の存在がわからず、人間にだけ神様の存在がわかるということです。

犬が神様の存在がわからないように、人間も自分たちの上にＡＩや５Ｇネットワークシステムがいるようになれば、その上に神様がいることを認識できなくなるということです。

もちろん、ＡＩは人工知能、５Ｇはモバイル通信に使われる第5世代移動通信システムのことですが、人類はこの二つの技術の乱用によって、情報や人間らしさだけでなく、神を感得する霊性さえも奪われてしまって、まさにロボット化してしまう恐れがある、つまり、ＡＩ、５Ｇネットワークシステムこそが聖書で予言されている「反キリスト」である、ということです。

イエス・キリストもエスタニスラウ神父様も安倍晴明も、それを警告するために、今年の正月明けに、はせくらみゆきさんと雑賀君を介して僕に伝えてくださったのです。

スマホを見れば神様を見ることができるように

以下は、そのときの安倍晴明と僕との会話です。

晴明「ＡＩ、５Ｇネットワークシステムは今構築中だけれど、それが今年中に世界規模で完全に構築されたらもう終わりなので、今年、それを阻止しないといけないぞ」

僕「そこまでおっしゃるならやりますが、僕に映画『ランボー』や『コマンドー』の主人公たちのような屈強な身体とあらゆる重火器をよこしてほしい。テロリストのように５Ｇネットワークシステムのアンテナや設備を破壊する軍団を与えてくれ」

晴明「バカモン！　それでは、そいつらと同じレベルのことしかできない」

僕「じゃあ、どうしたらよいのですか？」

晴明「それは簡単なことで、奴らがネットや５Ｇを使って、我々人類の目を神に向けさせないで、ネットの中にのみ閉じ込めようとする。それを逆に利用するんだ」。

つまり、ネットを見続けることで神様に目をむけさせないようにする彼らの悪だくみを、逆にネットの中をのぞくことによって、そこにも神様に通じるポータルをゲリラ的に配置する、ということです。

それを雑賀君の口を借りた安倍晴明から聞いた僕は、「あぁ、それだったら僕にもできなくないな」と思って、2〜3月にかけてやり方を考え、今年4月からスマホで見られるメールマガジン『ほえマガ・神様ウラ話』を発信することになったのです。

スマホを見れば神様を見ることができる、というメルマガを発行したとたん、日本でも新型コロナウイルスの騒ぎが起き始めたわけですが、その少し前にフィレンツェに戻っていたはせくらみゆきさんから再び連絡がありました。

ちょうど北イタリアで新型コロナウイルスが蔓延した頃です。はせくらみゆきさんによると、彼女に神様から「この国難に日本にいないとは、何事だ！」というお叱りのお言葉が降りてきたので、日本に帰国しようと思って急いで荷物をまとめて空港に行ったそうです。

ところが、北イタリアを脱出しようとする白人たちがいっぱい空港に並んでいて、もう飛行機のチケットが取れないかもしれないと、呆然としていたら、周囲の人たちが東洋人である彼女のことを警戒して、どんどん散っていった。

そこで、彼女は「あっ、いいんだ」と思って、どんどん前に行くと、どんどん人が逃げていき、無事カウンターにたどり着けて、最終便のチケットが取れて帰国できたというのです。

そして、帰国後、彼女は日本国内でオンラインを使った講演会を開きながら、5Gの危険性や新型コロナウイルス蔓延の本当の意味についてどんどん発信されるようになったのです。

僕にも連絡をくださって、「1月4日にいっていたように5Gネットワークシステムを支配しようとしている連中と今回の新型コロナウイルスの騒ぎがリンクしていると思うので、私もその警鐘を鳴らすために頑張っているので、ぜひあなたも頑張ってね」と念押されました。

そこで僕は、「どんなに5Gで便利になっても、神様のほうに向く手はずを整えているから、大丈夫！」と伝えました。

というのも、僕も時を同じくして、雑誌『アネモネ』や新刊本、あるいは講演会などで度々5Gに対して警鐘を鳴らすための発言をしていたからです。

海外の物理学者から得た「コロナ感染と5G」の密接な関係

実は、5Gとコロナ騒動は密接に関連していて、僕は知りあいの海外の物理学者から次のような情報を得ていました。

◎新型コロナウイルスの罹患率《りかんりつ》や死亡率がダントツに高いのは、中国の武漢や北イタリアやニューヨークなどだった。なぜこれらの地域が特に罹患率や死亡率が高いのか？　その理由は、医学的知識だけではわからず、物理学的な視点で見る必要がある。

◎それは、ウイルスも電磁波の影響を受けて活性化するためで、中でも新型コロナウイルスは特に5Gの周波数によって活性化するウイルスだからである。

その5Gネットワークをいち早く整備したのが武漢であり、ヨーロッパの5G先進国が北イタリア、そしてアメリカのニューヨークだった。日本でも当初、北海道だけ急激に感染者が増えたのは、札幌雪祭りで5Gの実証実験をやっていたため。

◎5Gは30ギガヘルツ以上の高周波数帯のミリ波で、普通の携帯電話やスマートフォン（スマホ）などの周波数よりも格段に振動数が高く、それだけエネルギーも大きい。しかも、50メートルおきに中継の基地局をつくる必要があるので、それだけ影響が密に及ぶ。

◎一方、新型コロナウイルスは、まさに太陽コロナのようなトゲのような突起物を放射状に放っていて、そのトゲ全体の固有振動数と5Gの周波数は最も共鳴しやすい。

それゆえ、ウイルスのトゲ全体がアンテナの機能を果たして5Gの周波数の電磁波をキャッチし、共振してエネルギーが増幅され、それによって新型コロナウイルスが活性化していると考えられる。これが武漢、北イタリア、ニューヨークなどで罹患率や死亡率が指数関数的に高まった理由である。


ようするに、5Gを広範囲に整備したい闇の勢力側が、新型コロナウイルスを利用して、世界各地の感染者の重症化を煽っているということです。

そして、そんなときに入ってきたのが、「実は殺されたはずのケネディ・ジュニアは死んでいない。20年間トランプさんにかくまってもらって、彼らが一緒になって今まで世界を牛耳ってきた闇の政府（ディープステート）・イルミナティ勢力に対抗して真の民主的な世界を取り戻そうとしている」という情報だったのです。

しかし、僕が調べた限り、トランプ氏の周囲には生存しているといわれているケネディ・ジュニアはいなかった。

そこで、片っ端からネット情報をチェックし始めたというわけです。

ちなみに、はせくらみゆきさんも、5月に『コロナショックから始まる変容のプロセス』（徳間書店）というタイトルの本を出されていて、その「はじめに」には次のように記されています。


実は、日本では緊急事態宣言が施行された2020年4月第2週目より、集合意識の波が大きく変わりました。

それぞれが心の奥で思っていること、感じていることの集合体である「集合意識」は、現象化をもたらす重要な鍵ともいえるため、注視しておく必要があるのですが、その波がさらにうねりを大きくしながら、大変革の時代に向かって流れていくのを感じておりました。

また、それらの意識の波はGW下に発表された、緊急事態宣言の延長によって、より密度を増した現実（より深刻化しやすい現実）が現象化しやすくなっている昨今となっています。

書かれている内容のソースは、瞑想をとおして得た「直観」情報をもとに、データや人脈、書籍、研究者の知見など鑑みながら、再度考察し、またそれを瞑想をとおして識別していく……といったプロセスを経て著わしているものです。

現在は、確かに、健康不安から経済不安、将来の不安に至るまで、精神的にはきつく、大変な時期でもあります。けれども、この「大変」という漢字をじっと眺めていると、「大きく変わる」と読み替えることができることに気づきました。

まさしく今、がそのとき。

大きく変わっていくときだからこそ、大変である。けれどもそれは、産みの苦しみでもあり、これらの流れを乗り越えた先にあるものは、きっと素晴らしき未来へとつながっているはずです。

日本やアメリカはどのようにフリーメーソンやイルミナティに翻弄《ほんろう》されてきたか

ここで、「AIや5Gを広めようとしている勢力がいるのなら、やっぱりそれは闇の政府による国際的な陰謀じゃないか!?」と思われる人も多いでしょう。

確かに、さまざまな利権集団やイルミナティが自分たちの利益誘導のためにAIや5Gを広めようとしているのは確かでしょう。

しかし、前述したように、AIや5Gを駆使するDXは、「デジタル技術を社会の隅々まで浸透させれば人々の生活がより良いものへと変革するだろう」と信じ込んでいる一般の人々の需要があるからで、しかもそこで莫大なお金が動くことを考えれば、世の趨勢《すうせい》ともいえるのです。

また、技術開発においては、今のところ主にヨーロッパが主導権を握っているようで、今後も各国によるし烈な開発競争がくり広げられることは必至でしょう。

つまり、AIや5Gの推進・拡充は、利便性だけを求めてしまう私たち一人ひとりの意識の在り方の問題であって、そこにイルミナティがつけ込んでいるわけです。

まして、後述するように、その策略や陰謀にしても「トランプ大統領VS闇の政府」という単純な対立図式で収まる話しではありません。

というわけで、ここからは、日本やアメリカが過去どのような形でフリーメーソンやイルミナティに翻弄されてきたかについて見ておくことにしましょう。

まず、「近代日本とは何だったのか?」についてふり返っておきたいと思います。

かつては、「日本の江戸時代は封建的で閉鎖社会だった」といわれたこともありましたが、決してそのような遅れた時代ではなかったことは、今では世界的によく知られるようになりました。

海外からいち早く最先端のものを取り入れて改良し、そのため技術面や医療面でも進んでいて、寺子屋のおかげで識字率も世界一、かつ清潔でエコロジカルな循環型社会を築いていた。つまり、江戸時代は平和でとても豊かな社会だったのです。

ところが、それを一変させたのが明治維新でした。

ここ近年、明治維新に対する評価の見直しが行われるようになってきましたが、それはイコール「明治維新はフリーメーソンによる陰謀《いんぼう》だった」という話ではありません。

たとえば、巷《ちまた》に出回っている陰謀論の中には、「明治天皇はすり替えられた」という説があります。長州藩が明治天皇を田布勢《たぶせ》町出身の他の志士とすり替えたために、明治天皇は実は本当の天皇ではなかった、という説です。

しかし、結論からいうと、明治天皇は確かに長州藩によって別の人物にすり替えられようとされましたが、その偽者は佐賀藩の鍋島直正《なべしまなおまさ》藩主によって追いやられ、本物の明治天皇が実際に政務に就かれていたのです。

佐賀藩の鍋島の殿様のような優秀なリーダーが不在となった明治政府

この辺りの経緯については、拙著『語ることが許されない――封じられた日本史』（ビオ・マガジン）で詳しく述べているので、ご興味のある方はそちらをご参照いただくとして、ようするに、自分たちの思惑で天皇をすり替えようとしていた長州藩の謀略を「それはならぬ！」と食い止めたのが、当時、日本の中で最も力を持っていた佐賀藩だったのです。

江戸末期、長年イギリスやオランダなどとの交易を続けていた佐賀の鍋島直正藩主は、その豊かな財力によって西洋近代化の技術を取り入れようと領内の多布施《たふせ》に精煉方《せいれんかた》を開設し、藩内外を問わず優秀な研究家、技術者を集めていました。

そして、ペリーの浦賀来航の3年前にはすでに領内に日本最初の反射炉を建設し、自らの藩でアームストロング砲を鋳造したり、黒船を所有するなど、優れた軍事力を持っていました。だから、薩長も鍋島藩主には頭が上らなかったのです。

情に厚かった鍋島の殿様は、長州藩によって売春婦として外国に売られていた女性たち、いわゆる「唐ゆきさん」たちにも救いの手を差し伸べていました。

ところが、結局、明治政府は、その野蛮な長州藩が中心となって国際情勢や軍事にまったく疎い薩長土肥人脈で占められ、鍋島の殿様を科学大臣にしてイギリスに送り込み、そしてその隙に佐賀藩をつぶしたのです（佐賀の乱）。

鍋島の殿様のような優秀なリーダー不在の明治政府は、表面上日本は植民地化を免れたものの、実質的にはイギリスによって「西洋化」されています。

その薩長を後押ししたのが、イギリスのフリーメーソンやイルミナティでした。

フランスは、当初はイギリスと共同歩調をとっていたものの、「生麦事件」以降、親幕府的立場をとるようになったのに対して、イギリスは、長崎の出島にオランダの国旗を掲げて入って、迎え出たオランダ大使を人質にしてオランダと交渉し、日本から手を引かせました。

アメリカは、自国の南北戦争が起きていたこともあって介入できず、「英仏の代理戦争」と呼ばれる戊辰戦争によってフランスが援助した幕府軍が敗れたことで、結局、イギリスが日本での実権を握ることになり、明治政府はイギリス式の政治・法制度を移入し、新橋・横浜間、神戸・京都間が全部イギリス製の鉄道が敷かれるなど、近代化という名の下でイギリス式の西洋化が図られていったのです。

その後、日清日露戦争を経て、日本は太平洋戦争前後にも同じようなリーダー不在という由々しき問題に直面しました。

日本の真珠湾攻撃にしてもしかりです。真珠湾攻撃がアメリカの参戦をもたらしたとされていますが、実は、ルーズベルト大統領はすでに日本の暗号を解読していて、参戦をしなくてもよかったのにあえて部下からの進言を無視し、最初に日本から攻撃をさせることでアメリカ国民の戦意を煽って参戦してきたのです。

つまり、日本は情報戦においてすでにアメリカに負けていたわけで、また軍事力においても雲泥の差があり、当時の海軍上層部も「開戦前から海軍が有利な戦いができるのはせいぜい1年か1年半くらいである」と見ていたのです。

ところが、アメリカによる対日石油禁輸措置が取られたことをきっかけに、日本は戦争を望んでいなかった天皇のお気持ちとは裏腹に真珠湾を攻撃し、日米開戦に至ってしまったわけです。

アメリカの占領政策から現在の「日米地位協定」に至る日本の属国化路線

そして、終戦後、今度は日本だけを悪者扱いする「東京裁判」が行われたわけですが、東京裁判がいかに勝者に都合のいいように進められたかについては、ほとんど知られていません。

公判廷を傍聴された富士信夫氏は、東京裁判の欺瞞性について『こうして日本は侵略国にされた――東京裁判検証16のポイント』（展転社）等の中で詳しく論述していますが、ようするに、東京裁判は明らかに勝者の論理によって一方的に日本だけが裁かれたということです。

かくて終戦後も、優秀なリーダーが不在のまま、アメリカ政府と占領軍（イルミナティ）にとって都合のいいように日本の近代化が推し進められました。

「人間宣言」をさせられた天皇以上の権力を持って、占領軍が日本を支配し、3S（スクリーン・スポーツ・セックス）政策や池田内閣の所得倍増政策下で、官僚制度、教育機関、マスコミなどをとおしてアメリカの従属化が推し進められたのです。

それが現在の「日米地位協定」まで続いているわけですが、ある意味、アメリカはそれだけ日本人の底力に恐れをなしていたのかもしれません。

なぜなら、彼らからすると、日本人にとって絶大な信頼と影響力を持っている天皇という存在の大きさが図り切れず、何としても天皇の影響力を阻止したかったからです。

それゆえ、それまでの日本の国体や道徳は封建的というレッテルを貼って完全に否定され、丸暗記型の詰め込み教育によって思考力や自主性も封じられて、ただお上のいいなりになるだけの「良い人」が増産されました。

そして、アメリカ式の民主主義や資本主義が絶対であるかのように洗脳され、国民がコツコツ働いて稼いだお金は知らない間に海外の資産家たちに吸い上げられて、マスコミもアメリカ側の思惑に叶った情報だけを国民に知らせる、そのような日本人の骨抜き戦略が今日まで続いているのです。

ようするに、幕末の鍋島藩以降、近代日本は真のリーダー不在のままイルミナティなどの外国勢力によって掌握され続けてきたわけですが、にもかかわらず、「ちょっとおかしいぞ!?」と気づける人がまだ少なからずいます。

そのような国体を有しているのは、やはり天皇が持っている霊的な力のおかげではないか、と僕は思っています。

つまり、この世の「権力」を掌握する政治のリーダーはたとえ優秀ではなかったとしても、まつりごと（政）を司る精神的「権威」たる天皇が健在であることが、この国と国民をしっかりと下支えしている。

だからこそ、人類史上初の原子爆弾による被爆や敗戦、その後のさまざまな天災に何度もみまわれても、そこから不死鳥のごとく蘇ることができているのではないかと思うのです。

天皇の霊力については、拙著『祈りが護る國――アラヒトガミの霊力をふたたび』（明窓出版）に詳しく論じているので、そちらをご参照いただくとして、ここで強調しておきたいのは、国際的な闇の勢力といえども日本の皇室の中までは介入できない、ということです。

アメリカ移民の受け入れを任されていたイギリス王室のウエスト・サクソン家

次に、アメリカ合衆国ができるまでの歴史を簡単にふり返っておきたいと思います。

皆さんご承知のとおり、アメリカは移民の国ですが、最初に入植したのは封建時代のヨーロッパ人たちでした。

当時はイギリスの植民地だったことから、アメリカ東部にヨーロッパ全域から移民を受け入れる役所があって、その役所を統括していたのはイギリス王室のウエスト・サクソン家（ウェセックス王家）でした。

世界的に知られているロンドンのウエストミンスター寺院は、11世紀にウエスト家（エドワード懺悔《ざんげ》王）がつくった寺院ですが、そのロイヤルファミリーであるウエスト家がアメリカ移民を受け入れる側のトップだったわけです。

僕はそれまでアメリカは移民の国だと思っていたので、当初ウエスト家という存在によってイギリス王室の影響が及んでいたとは知りませんでした。

彼らは血統もよく、超富豪家であり、国際的な人脈もあったことから、アメリカにおいても政治の裏側までちゃんとわかって動いていたのです。

政治の裏側というのは、もちろんフリーメーソンやイルミナティの影響力です。

そもそも、フリーメーソンという名称は、ウエストミンスター寺院の大聖堂を改築した際、１３７８年にカンタベリー大主教から出された勅許上の「フリー」（自由）「メー（イ）ソン」（石工）という記載が起源といわれ、石工職人たちの組合を意味しています。

つまり、それまでフリーメーソンはウエスト家に仕えていたわけで、その限りにおいてはアメリカ移民の受け入れの際にもうまくいっていた。ようするに、大英帝国による君主制の流れを組むウエスト家の優れたリーダーシップによって、フリーメーソン内部に潜んでいた彼らの野望は封じられていたわけです。

ところが、やがて独立戦争を経て、アメリカが民主国家になるにつれて、元々統治していたイギリス貴族であるウエスト家の影響力は薄れてゆき、フリーメーソンの力が強くなってきます。

アメリカ独立宣言を起草したベンジャミン・フランクリンもフリーメーソンの主要メンバーで、彼はフランスと同盟を締結することによって、イギリスからの独立戦争にフランスを参戦させました。

英国領であるアメリカをおもしろくないと思っていたフランスは、独立する側、すなわちアメリカ内部にいたフリーメーソン員たちにお金と武器を渡した。だから、初代大統領となったジョージ・ワシントン以下、独立戦争に加わった人たちはみんなフランスの武器とお金と援助で戦えたのです。

この独立戦争に勝利したことで、フランス政府がアメリカに対して「自由の女神」像を贈ったわけですが、このときにヨーロッパのフリーメーソンだけでなく、フランスやスペインにいたイルミナティも関与したようです。

イルミナティは、元イエズス会の修道士だったアダム・ヴァイスハウプトが1776年に創設した秘密結社で、表向きは啓蒙思想を掲げていますが、実質的にはフリーメーソンの上層部と見ていいでしょう。

いずれにしても、フリーメーソンもイルミナティも反キリスト教・反教会であり、双方ともに利害が一致していたのは確かです。

こうして、ウエスト家の影響力が低下したアメリカ合衆国になると、国旗をはじめ、ホワイトハウス、議事堂、ワシントン記念塔などの主要建造物は、すべてフリーメーソンの儀式を踏まえて設計されました。

また、このため1ドル紙幣の裏側に、フリーメーソンのシンボルマークが描かれていることはよく知られているとおりです。

独立宣言にも彼らの思想がよく現われているように、ウエスト家が重んじていたイギリスの君主制を排して共和制国家を樹立したアメリカ合衆国は、その意味においてフリーメーソン・イルミナティが建国したといっても過言ではないのです。

とはいえ、「アメリカはフリーメーソンの国」というのは、あくまでウエスト家の影響力が弱まってからの話であって、そのウエスト家はいまだに健在で、僕が直接得た情報によると今のアメリカの状況をとても憂いているのです。

ケネディは闇の勢力の陰謀を暴こうとして暗殺された

イルミナティなどの闇の勢力の存在に気づいて、彼らの影響下から合衆国やアメリカ国民を切り離したいという人物が時折現われることがあって、その代表がリンカーン大統領やケネディ大統領でした。

中でも、ケネディ大統領はあからさまに政府内部の陰謀を暴こうとしたために、その最中に暗殺されてしまいましたが、実は、彼は警護官によって撃たれたのです。

それまで、アメリカ政府は「暗殺は元海兵隊員・オズワルド単独によるもので、黒幕はいない」と断定していましたが、さまざまな矛盾点があり、「私ははめられた！」と逮捕直後にいい残して射殺されたオズワルドが何者かに操られていたことは誰の目にも明らかでした。

そして、最近、ケネディ暗殺現場の映像の一部が公開され、それを見ると、一人の警護官がケネディ大統領を後ろから狙撃している場面がちゃんと映っているのです。

警護官がケネディの背後からピストルを撃っていて、隣に座っていたジャクリーヌ夫人がケネディの血を止めようとしていた、その間の映像が残っていたのです。

ただし、それより前の映像に関しては今も一切封印されていて、アメリカ国民がジョン・F・ケネディー（JFK）暗殺の真相を知るまでは、あと何十年も待たなくてはいけないことになっています。

1963年に世界中の人々が見ている前でケネディ大統領が暗殺されてから、ケネディー一族は数々の不幸に見舞われることになります。

1968年には、兄の意志を継いだ弟で司法長官を務めたロバート・F・ケネディ（ボビー）が暗殺され、1984年にはボビーの三男デービッドさんが薬物の過剰摂取で死亡、四男マイケルさんも1997年に死亡。

さらに、ケネディ大統領の息子、ジョン・F・ケネディ・ジュニアは1999年7月16日、操縦していた小型飛行機の墜落で死亡したとされており、大統領の弟で司法長官を務めたロバート・F・ケネディの孫娘にあたるメイヴ・ケネディ・マキーンとその息子ギデオンは、カヌーをしていて行方不明になっています。

こうした経緯から、ケネディ家からは二度と大統領を出すことはできないということになっているのですが、ここに短絡的な「陰謀論」が出てくる素地があります。

「闇の勢力によって暗殺されたケネディとその親族たちに手を差しのべたのが当時まだ一介の不動産業者だったトランプ氏だった」という説です。

その説によると、前述したように、トランプ氏はケネディ家の生き残りの子どもたちとどうやったら彼らをアメリカから駆逐できるかと戦略を練り、その結果、「自分が大統領になってJFKの敵を討つ」と決め、それゆえ、2016年の大統領選挙のときからケネディ暗殺の陰謀説を展開してきた、というわけです。

確かに、「闇の勢力」や「闇の政府」などと呼ばれるイルミナティは、グローバリズムを推し進めることで世界の統一（新世界秩序）と全人類の完全支配（奴隷化）を目標にしていて、彼らは必要に応じてさまざまな政治勢力や秘密結社、国際機関などと連携していると見られています。

具体的には、諜報機関、国防総省、軍需産業、国務省、外交界、マスコミ、学術界、中央銀行・連邦準備制度理事会（FRB）、石油王（ロックフェラー）、鉄鋼王、国際銀行カルテル、バチカン、国連（連合国）、WHO、日米欧三極委員会、国際シンジゲート、国際オリンピック委員会などです。

こうした特権階級たちは、自分たちこそ世界を支配できるエリートであると信じて、さまざまな謀略を企てながら一般人を搾取し、不要な紛争やテロの種を蒔き、ときに人工地震を起こしたり、ケムトレイルをばらまいたりしている可能性は否定できません。

とはいえ、彼らも決して一枚岩ではなく、内部分裂を起こしたり、利害が一致しない場合は対立したりするので、その全体像は誰もつかみきれていないのではないでしょうか。

パート

4

知っておきたい
アメリカの国内事情

「トランプ氏こそが真の愛国者である」とされる理由とは？

ケネディ大統領（ＪＦＫ）は、アメリカを健全なる国家に再建しようとしていたのでしょう。

彼はカトリック信者であったことからも、僕は、ケネディ大統領はウエスト家のように聡明なリーダーによってアメリカ社会に秩序を取り戻そうとしていたのではないかと思います。

だからこそ、巨大資本家たちと癒着した政治家や、国民から情報を隠蔽するＣＩＡ（中央情報局）、ＦＢＩ（連邦捜査局）などの情報機関や捜査機関、そして彼らの手先となっている大手メディアなどの陰謀やウソを暴露しようとしたのでしょう。

まさにその点が歴代大統領との違いですが、前述した単純な陰謀論を支持する人たちは、次のような筋書きを信じているようです。

「ケネディ大統領だけでなく、ロナルド・レーガンも例外的に彼らに抵抗したから銃撃を受けた。だから、ＪＦＫやレーガンと同じように、今度は不動産王だったドナルド・トランプ氏が、彼らの援助を一切受けないアウトサイダーとして自ら大統領選に出馬し、みごと大統領に就任したのだ」と。

しかし、後述するように、トランプ氏を支持しているのは主にプロテスタントの福音派であって、イギリス王室系のウエスト家ではありません。

君主制の伝統を引き継いでいるウエスト家は、精神的な権威としての王室を重視していることから、君主制を否定するプロテスタントとは真逆の立場なのです。

つまり、イギリス王室や日本の皇室のように精神的リーダー（権威）としての血統を敬う立場と、この世の物質的な権力で民を治めるかの違いです。

陰謀説を論じる人たちに欠落しているのは、まさにこの点の理解なのですが、陰謀論者は「トランプ大統領こそが真の愛国者である」として、約4割の保守的なアメリカ国民（共和党員の多く）が熱心に彼を支持し続けています。

それゆえ、今回のコロナ騒動についても、陰謀説では次のような奇妙なストーリーが展開されています。

◎トランプ大統領が闇の政府（ディープステートＤＳ）・イルミナティに向けて仕掛けたのが、今回の新型コロナウイルスである。

◎それはケネディ家とトランプ大統領の計画によって行われ、毒性の低い新型コロナウイルスを海外にばらまくことによって騒動を起こし、その隙にイルミナティによって命を奪われている子どもたちを救うことが目的だった。

◎その子どもたちは、アドレノクロムという薬物を作る目的のために、誘拐されて精神的な苦痛を与え続けられているという子どもたちと、特別な使命や能力を持って生まれている子どもたち。

◎アドレノクロムというのは、恐怖を感じながら殺された子どもの脳から抽出される若返りのホルモンで、その薬剤を世界中のセレブたちが愛用していて、裏ではマイクロソフトの創業者であるビル・ゲイツが暗躍している。

◎アドレノクロムをつくるために誘拐されたり、小児性愛者らによって人身売買されて犠牲になった子どもたちは東京ディズニーランドの地下などに収容されていて、それをコロナ騒動に乗じて立ち入り禁止にし、その隙に子どもたちを救い出した。

◎その中では、闇の政府にとっては邪魔になる特別な能力を持った子どもたちが薬漬けにされ、廃人にされかけていた。そこで、その子たちも同時にディズニーランドの地下から救い出した。

しかし、このディズニーランド云々に関しては、僕が東京ディズニーランドに人事関係の仕事で自由に中枢部に出入りしている女性から直接確認したところ、「地下駐車場のような広大な地下空間はあるけれど、それは大勢のスタッフが園内を効率よく移動するためのバス通路空間で、拉致した子どもを隠せるような場所はどこにもない」とのことでした。

一方、ゲイツ財団によるワクチンの陰謀に関しては、ケネディ大統領の実弟のロバート・ケネディ元司法長官が、「WHOは殺人組織だ」と題する動画の中で、ワクチンとゲイツ財団とWHOの関係について糾弾していることから、陰謀論にもまったく根拠がないわけではないようです。

「WHOは殺人組織だ」と訴えているロバート・ケネディ元司法長官

ロバート・ケネディ元司法長官がインタビューに答えている動画の主旨は、こうです（https://www.youtube.com/watch?feature=share&v=gn8JsxnK_us&app=desktop 参照）。

◎WHOは、その資金を製薬会社に大きく依存していて、製薬会社の子会社に過ぎない。

◎その単一大口資金の提供者はゲイツ財団で、彼らのゴールは同じである。

◎それは世界（特にアフリカの国々）に薬、特に期限切れのものや毒性のものをバラまくことで、そのためにＷＨＯを従わせている。
◎ＷＨＯが各国の健康機関に出資することで絶大な影響力を持っているが、２０１７年に開発されたワクチンを接種したアフリカの子どもたちの死亡率は、接種しなかった子どもに比べて10倍も高かった。ジフテリア・百日咳・破傷風よりも多くの子どもたちを死に至らしめた。
◎にもかかわらず、ゲイツ財団とＷＨＯはこのワクチンを継続させ、アフリカのすべての子どもたちに処方した。これはスカンジナビアの信頼できるソース（世界トップの科学者）からの情報である。

ゲイツ財団とは、ビル・ゲイツ氏と妻のメリンダ氏が２０００年に創設し、のちに投資家のウォーレン・バフェット氏も加わり、その資産は約４００億ドル（約４兆３６００億円）にものぼる世界最大規模の財団です。

このゲイツ財団は、保健、医療、農業、教育分野などの研究者を含む１４５０人以上のスタッフを抱え、感染症に対する製薬やワクチンなどの開発を進めています。

ちなみに、アドレノクロムの製剤を唯一日本でつくっているのが富士フイルムで、しかも同社はゲイツ財団から新型コロナウイルスの治療薬としてアビガンの製造を受託したり、ゲイツ財団が世界のワクチンと予防接種のための世界同盟（ＧＡＶＩ）に数億ドルを寄付して新型肺炎のワクチン開発を支援していることなどから、「ワクチンを利用して世界中の人たちにマイクロチップを埋め込んで監視しようとしている」という陰謀疑惑が深まっているのです。

これを裏付けるかのように、本年５月にアメリカでネット情報大手ＹｏｕＧｏｖとＹａｈｏｏ！が実施した世論調査では、ゲイツ氏がマイクロチップを埋め込もうとしているとの説を信じる人の割合は、共和党支持者の44％、ＦｏｘＮｅｗｓの視聴者の50％にも達していたそうです。

その根拠の一つとして、ゲイツ氏の５年前（２０１５年）の発言も挙げられています。

その際、ゲイツ氏は、「我々人類にとっての最大の脅威は、戦争ではなく、ウイルスだ」と述べており、今後症状が顕在化しない罹患者《りかんじゃ》が移動を続けることによって疫病が国境をすり抜けることや、それに伴い「パンデミックが生じて1000万人以上がウイルス性疾患で命を落とす可能性がある」などと語っていたことから、これは「予測」ではなく、「通告」なのでは（?）との声が上がっているのです。

さらに、ゲイツ氏はつい最近も「新型肺炎は2021年末になってこそ終息する」と予想し、「2021年末にリーズナブルな価格で効果的なワクチンの大量生産が可能になるだろう」と語ったり、WHOへの資金拠出を停止したトランプ大統領の決断を批判し、両者の見解はまっこうから対立しています。

こうした動きから、ゲイツ・WHO陰謀論にくみする人たちも少なくなく、実際にアメリカ人の3分の1はこうした陰謀論を支持しているといいます。

このように、陰謀論を支持している人たちにとっては、大衆を搾取し、権力を貪り続ける闇の政府・イルミナティたちに対して、トランプ大統領は真正面から彼らに戦いを挑んでいる、つまり「とんでもない悪党VS勇気ある正義のヒーローの戦い」という図式で、これは西部劇が大好きな多くのアメリカ国民にとっては、最もはまりやすいストーリーでしょう。

国境の壁を目指してきている人たちは、実はエキストラ

ここで、公平さをきすために、日本のマスコミが伝えないトランプ大統領の一面にも触れておきましょう。

「トランプ大統領が、国境に壁をつくることで不法移民を拒んでいる」といったマイナスの印象を持っている人も多いと思いますが、そこには正当な理由があります。

結論からいうと、南米からアメリカの国境を目指してやってきている人たちは、ハリウッド映画のエキストラのように、お金をもらって集まってきた人たちなのです。

彼らの姿や表情をよく見ればわかりますが、メキシコやボリビアから1ヶ

月以上もかけて何千キロも歩いてきたという彼らの服装を見ると、汚れがなくてきれいなまま、しかも足元はビーチサンダルを履いていたり、中には楽しそうな表情をしている人もいて、全然緊迫感がありません。

こうした映像をよく見ていれば、彼らが命がけで逃れようとしている難民ではないことは容易にわかります。現に、裏を調べてみると、彼らは直前の場所までバスに乗り込んでやってきて、要所についたら「ここから30分歩いてくれ」といわれ、そのごほうびに配られるのがディズニーの服。だから、子どもたちも喜んでそのTシャツを着て国境まで歩いてくるわけです。

そのような不法入国者に対して、トランプ大統領が「国境に壁をつくる」といっているのは、オバマ前政権時代にすでに計画されていたことだからです。

不法入国者の大半は中米諸国かメキシコ出身者で、彼らは不法入国したうえで難民申請を出すことで、すぐに強制送還されることを免れ、手続き期間中に姿をくらましてアメリカ国内に滞在し続けることがほとんどなのです。そうなればイルミナティ勢力にとっては思うつぼで、移民として登録されていない彼らは格好の搾取の対象として利用される恐れがあります。

トランプ大統領は、移民として入国したいのであればちゃんと移民の手続きをした上で入国しなさい、勝手に潜り込んではいけない、といっているだけなのです。

勝手に潜り込んでしまうと、その人たちが闇の利権集団にこき使われてしまい、子どもたちは売り飛ばされるかもしれないのです。

トランプ支持派のニュースソースは「ＱＡｎｏｎ」

こうした反トランプ報道は、アメリカの主要メディアが中道左派・リベラルよりという背景があるからですが、それに対抗して、今、トランプ支持派にとっての主たる情報源となっているのがＦｏｘニュースや「ＱＡｎｏｎ（キューアノン）」です。

ＱＡｎｏｎは、トランプ大統領の支持者たちが「Ｑ」の文字が描かれたアイテムを身につけていたことに端を発していて、Qとは掲示板サイトの4ch（のちに8chに移転）などに匿名で投稿する人物のニックネームを指すようです。

Qは、自身をトップレベル（Q clearance）の秘密情報の取り扱いが許可されている者としていることから、政府中枢にいる人物か、あるいはトランプ大統領自身であると信じられていて、QAnon（キューアノン）は、Q自身やサポーターを指す言葉として使用されているのです。

Qは、暗号のような言葉を使いながら、フォロワーに問いかけや呼びかけを行っていて、「HRC detained」（ヒラリー・クリントンが拘束された）〈10月28日投稿〉、「Why did Soros donate all his money recently」（なぜ、ジョージ・ソロスはすべての金を寄付したのか）などのメッセージや、闇の政府（ディープステート）の謀略に関するさまざまな情報が配信されています。

たとえば、民主党やセレブリティなどが児童売春に加担しているという情報や、ロバート・モラー特別検察官が、実はトランプ氏から任命を受けてヒラリー・クリントンやオバマ前大統領の捜査を行っている、などといった情報もそうです。

著名人では、元メジャーリーガーのカート・シリング氏がツイッターで「Q」に言及していたり、ツイッター上の発言によって自らの番組が打ち切られた女優のロザンヌ・バーは「トランプ大統領が、この世界中で売春組織に囚われている子どもたちを解放している。毎月何百人も」などと、QAnonの内容を支持しています。

QAnonの主な主張は、次のようなものです。

◎バラク・オバマ前大統領、ヒラリー・クリントン、あるいはジョージ・ソロスなど民主党系の大物政治家や財界人は秘かに小児性愛者向けの人身売買に加担すると同時に、米国政府を転覆させるクーデターも計画している。

◎2016年の大統領選におけるトランプ陣営のロシア共謀疑惑を捜査するモラー特別検察官は、実はトランプ大統領自身が秘密裡に任命したもので、表向きはロシア疑惑の捜査と見せかけて、裏ではオバマやヒラリーらによる悪事を暴露するための捜査を進めている。

◎（民主党系のヨーロッパ財閥）ロスチャイルド家は悪魔的カルト集団のリーダーである。

◎トム・ハンクスやスティーブン・スピルバーグら（民主党系の）ハリウッド関係者は小児性愛者である。

◎金正恩はCIAが北朝鮮に送り込んだ傀儡《かいらい》である。

◎アメリカの政財界からハリウッド、国際社会に至るまで、不正と醜聞にまみれた世界を正すためトランプ氏は大統領選に立候補した。これに勝利して大統領となった今、彼は米国をこれら破壊者の魔の手から守るため身を粉にして働いている。

◎米軍は、犯罪ネットワークを一掃するためにトランプ氏に大統領選出馬を説得した。

Fox ニュースのキャスターであるショーン・ハニティ氏などは、「#Q

Ａｎｏｎ」のついたツイートをリツイートしていて、Ｆｏｘ ニュースを支持している相当数のアメリカ人は、ＱＡｎｏｎの情報を「あり得ない陰謀論」とは一蹴せずに、極めて真剣に捉えているようです。

確かに、トランプ大統領が当選した２０１７年頃からＱＡｎｏｎが出始めて、アメリカ国民の支持を得始めたものの、Ｆｏｘ Ｎｅｗｓ以外のメディアは、それを「バカげた陰謀論だ」と退け、トランプ大統領を批判的に取り上げたために、日本のマスコミもそれに倣ってきたのです。

しかし、冷静に考えればわかりますが、前大統領のバラク・オバマ氏は何も成果を出していないのにどういうわけかノーベル賞をもらっていたり、ヒラリー・クリントン氏にも疑惑があるのは確かです。

オバマ政権が糾弾しようとした「ロシア疑惑」の真相とは？

現に、ヒラリー・クリントンの右腕だった女性は、ハイチの子どもたちを誘拐した首謀者として逮捕されているようです。

そこで、また次のような「陰謀論」が流布されます。

◎ヒラリー・クリントンは子どもを誘拐した女性とパソコンでやりとりしていて、そのデータを、トランプ大統領の甥で『ウィキリークス(WikiLeaks)』の創設者ジュリアン・アサンジ氏が持っていた。

◎そのため、アサジン氏は闇の政府から狙われたので、結局、そのデータを記録したハードディスクはロシアのプーチン大統領の手にわたった。

◎だから、トランプ氏が大統領になったとき、いち早くロシアに行き、そこでプーチン大統領からアサンジ被告から託されたデータを渡してもらった。

◎プーチン大統領は、サッカーボールの中に入れられたハードディスクを「記念に」といってトランプ大統領に手渡し、トランプ大統領はそれを持ち帰って、「これだ」と側近に見せた……。

もしも、これがロシア疑惑の真相だとしたら、アメリカや日本のマスコミはまったく真実を伝えていないことになります。

オバマ政権とアメリカのメディアは、大統領選挙期間中にウィキリークスが公表したヒラリー・クリントンのメールは、プーチン大統領が命じたロシアによるサイバーハッキングによって入手したものとくり返し報道していました。

そのため、オバマ政権は、サイバー攻撃への報復としてロシアへの制裁を発動し、ロシア外交官35人の強制送還を実施しましたが、アサンジ氏は、当初からロシアの関与を完全に否定していたのです。

アサンジ氏は、ＦｏｘＮｅｗｓのニュース解説番組の司会者を務めるショーン・ハニティーの独占インタビューに対して、ヒラリーのメールの情報源はロシアではないことを強調し、こう述べています。

◎我々は１００％の自信を持って、ウィキリークスが公表した情報はロシアから入手したものではないとここ2ヶ月間繰り返し、情報元はロシアの政府、特定の国家ではないことをいい続けてきた。
◎ロシアへの憎しみや外交戦争は意味のないものである。誰かがウィキリークスにメール情報を渡したことを理由で、本当に戦争が起きるかもしれない。こんなことは馬鹿げている。
◎オバマ政権は、ロシアの関与説で、トランプ政権が発足する前にその合法性を否定しようとしている。トランプ次期大統領は、合法上認められない大統領であるといいたいのだと思われる。
◎ウィキリークスが公表した情報は広範囲にアメリカ国民の関心を引いた。情報はすべて真実である。しかし、オバマ政権が問題視しているのは公表した情報の内容ではない。

陰謀論者によると、彼らが公表されたくない情報というのは、ウィキリークスが入手したヒラリー・クリントンのメールの内容に「チーズピザ」という言葉があり、これを「児童ポルノ」に置き換えてメールを解読したためだ、と主張しています。

もしも、こうした陰謀論者の主張がまったくのデタラメで、ヒラリーが人身売買に一切関与していないのなら、堂々とそのメールの情報を公開すべきでしょう。

日本人には信じ難いアメリカ社会における人身売買の実態

こうした陰謀論はともかくとしても、インドや中国などでは実際に組織的に人身売買が行われており、アメリカでも公然と臓器売買が行われているのは事実です。

たとえば、「全米家族計画連盟」（ＰＰＦＡ）では、胎児の臓器販売が行われていたことが明らかになっています。

ＰＰＦＡ幹部が、関連医療機関で中絶された胎児の臓器の価格交渉をしているとされる隠し撮り動画が、インターネット上で公表されたのです。

それがきっかけとなって、中絶に否定的な保守層からは疑惑の徹底究明を求める声が噴出し、共和党は連邦政府からＰＰＦＡへの補助金を打ち切るべきだとの主張を展開し、大統領選の争点にもなったくらいです。

その隠し撮り動画では、PPFA幹部で中絶推進派の医師が、どのように胎児の臓器を取り出し、臓器販売業者に売っているかについて話す場面もあり、ロサンゼルスで妊娠24週までの中絶を行う医師のデボラ・ヌカトーラ氏は、中絶胎児の臓器を確実に得るために部分出産中絶を行っていると語り、こうした「標本」は30ドル（約3700円）から100ドル（約1万2000円）の間で取り引きされる、などと述べているのです。

また、途上国の一部では、親が金品を得る代わりに臓器売買組織に子どもを売るケースも多く、インドや中国には、人身売買や臓器売買の世界的なマーケットが存在すると見られています。

多くの日本人からするとにわかには信じ難く、アメリカ人の多くもこれまでは単なるデマだと思っていたようですが、現にPPFAのような組織が存在していることや、アメリカでは毎年多くの子どもたちが行方不明になっていて、さらにトランプ政権になってから小児性愛者による人身売買の実態などが徐々に明るみになってきたことなどから、こうしたおぞましい現実に世間の注目が集まっているのです。

また、白人の間では小児性愛者も多く、この点についても日本人には理解し難いかもしれません。

なぜ欧米人たちの間で小児性愛者が多いかというと、彼らは体毛がとても多くて、女性でも脱毛しなければ、全身毛むくじゃらが普通です。なので、体毛のない子どもたちのすべすべの肌を見ると、性的に非常に魅力を感じてしまうのです。

日本人やアジアの女性がもてるのもこうした事情が絡んでいますが、一部の白人たちの小児性愛という性癖が高じて、人身売買という犯罪にまで手を染めてしまっているのでしょう。

アメリカにはこうした裏事情があることから、前述したような陰謀論がネットを介して世界中に出回り、それを支持する人たちが増えていったということです。

陰謀論の出処はキリスト教プロテスタント右派

ＱＡｎｏｎやトランプ大統領を支持しているのは、主にキリスト教プロテスタントの福音派や原理主義者と呼ばれる人たちです。

彼らの主張は、闇の政府（ディープステート）・イルミナティは「悪魔崇拝」であるとし、その悪魔崇拝主義者と戦っているのがトランプ大統領であると信じているのです。

中でも、俳優のメル・ギブソン氏などは、『陰謀のセオリー』というタイトルの映画を通じて、軍産複合体や資本家たちの権力構造や洗脳支配のための科学技術の裏工作などについても随所で取り上げていて、まるでフィクションを装った暴露映画のようにも見えます。

日本語で拡散されている陰謀論も、基本的にはこうしたＱＡｎｏｎやプロテスタント系の団体が配信している情報とほぼ同じです。

アメリカにおけるプロテスタント福音派の影響力については、日本ではほとんど知られていませんが、前述したように、初期の頃のウエスト家の影響力が徐々に弱まって、フリーメーソンの影響力が強くなり始めた頃から勢力を拡大し始めたようです。

これは裏を返せば、君主制・カトリックの影響が抑えられて、民主制の名の下でプロテスタントの国づくりが進んでいったということです。

アメリカにおいて、福音派の指導者たちが、特に政治的な発言をするようになったのは、1960年代以降です。

この頃から、フェミニズムや同性愛者の権利を求める運動が高まりを見せ、若者の間にフリーセックスの風潮が広がるとともに、連邦最高裁が公立学校での「祈り」の指導を禁止し、1973年には人工妊娠中絶の合法性を認めるなどの動きが活発になったからです。

こうした動きに対して、聖書の言葉を絶対視し、同性愛や中絶は断固認めない福音派が積極的に政治に働きかけるようになり、さらに1990年代に創始された「キリスト教連合」の活動などによっていわゆるキリスト教右派勢力が共和党の支持基盤となっていきました。

現在、アメリカ国民のおよそ4人に1人が福音派で、アメリカ最大の宗教勢力であることから、歴代の大統領たちは福音派との関係を密にし、トランプ氏が大統領選の際、福音派から圧倒的多数の支持を集めたことが勝利を決定づける要因となったのです。

ちなみに、このときの出口調査では、福音派からの支持率は81％に上り、共和党の大統領候補としては突出して高い数字だったそうです。

福音派からの「大統領VS闇の政府」の決闘劇がトランプ支持につながっている?!

トランプ家の宗教は、プロテスタントの長老派（ピューリタン派）です。

一方、トランプ氏の娘婿、ジャレッド・クシュナー氏はユダヤ教徒で、娘のイヴァンカ氏はクシュナー氏との結婚の際、長老派から正統派ユダヤ教に改宗しています。

アメリカ国内において長老派の勢力は弱まっているのに対して、福音派は勢力を拡大しており、その福音派は「ユダヤ人国家イスラエルは神の意志で建国された」としてイスラエルへの支援を信仰の柱に据え、大統領選挙ではトランプ氏当選の原動力になったのです。

その後、大統領となったトランプ氏は、支持勢力である福音派に寄り添うようにイスラエル支持の立場を明確にするとともに、先頃、自身が仲介者となってイスラエルとＵＡＥ（アラブ首長国連邦）の和平合意を成し遂げました。

さらに、この度のコロナ騒動では、民主党側が教会などの集会の制限の徹底化を主張したのに対して、トランプ大統領は「教会の再開」を求めるなど、福音派の信仰心に訴えることで再選を図ろうとしています。

トランプ大統領の動きと連動するように、アメリカの福音派は、エルサレムをはじめ、イスラエルがパレスチナの占領地に違法に建設したユダヤ人入植地を訪れる人が急増しており、そこでは、入植地に住み着いたイスラエルの極右勢力とアメリカの福音派が結びつきを強めているようです。

こうした背景を鑑みると、プロテスタントの最大の勢力である福音派が何らかの政治的意図を持って、トランプ氏を支えるために「大統領VS闇の政府・イルミナティとの決闘劇」を演出しているように見えなくもありません。

そこで、僕は、闇の政府やイルミナティに関する国内外のネット上の情報についてザッと目をとおすようにしました。

そうした情報は、日本でもコロナ騒動が起きてから膨大な数に増えていて、しかも、そのほとんどが整合性が取れていて、「なるほど」と納得できるものが多いのが特徴です。

それだけに人の関心をすごく惹きつけるし、今まで自分たちを搾取してきた特権階級の正体はこれだ、という暴露ネタに興味をそそられる人が多いのも頷《うなず》けます。

そして、そんなネット情報を見た人たちが、このことをもっと多くの人たちに広く知らしめなければいけないという正義感から、あちこちに拡散し続けているのです。

ユーチューブ（ＹｏｕＴｕｂｅ）などの動画もどんどん配信されていて、すごい数の動画が出回っている中で、一旦消されてまた別のサイトにアップされている動画もあり、何者かによって勝手に消されるようなことはないようです。

イルミナティ側からすると、自分たちに都合の悪い情報は消そうと思えば徹底的に消せるはずなのに、なぜかそれがほとんど消されてない……。

そんな状況を見ていて僕は「アレッ!? 何か変だな」と感じ、日本国内で出回っている情報を見比べるようにしてみたところ、ある事実に気づきました。

右脳タイプの人たちがバーチャルな陰謀論によってデジタル脳になりつつある

そこには、ある共通する傾向が見えてきたのです。

それは、スピリチュアルな分野でも陰謀論に関する情報を発信し始めた人たちが増えてきていて、特に「クリスタルチルドレン」や「インディゴチルドレン」などと呼ばれる30〜50歳代が多いことが第一点です。

彼らの特徴としては、どちらかというと、もともとは神様とつながりやすい右脳モードで生きてきたタイプの人たちです。

たとえば、若い頃には環境保護活動や農作業に励んだり、あるいは、古神道や縄文文化などに惹かれて神秘的な世界に生きがいを見出したり、スピリチュアルな能力を発揮して人助けをしたりと、自分の感性や直感に従って生活を楽しんだり、活動したり、交友関係を広げてきた世代です。

ところが、そんな彼らがいい歳になって、世の中の裏で「トランプ大統領と闇の政府との間で戦いが起きている」ことを知って、それを多くの人たちに知らしめなきゃいけないと思って自作の動画を配信したり、文章にして発信しているうちに、いつの間にか頭のスイッチが右脳型から左脳型に完全に切り替わってしまったように見えるのです。

つまり、それまでの右脳的な感覚・感性から、自己流の理屈と言葉を駆使しながら、しかも以前よりも早口になって、たたみかけるようなしゃべり方になっているのです。

この点が、僕が違和感を覚えたもう一つの傾向です。

中には、どこからかコピーペーストしてきたような断片情報を、自分なりにおもしろおかしく加工することで、益々左脳を駆使して物語を勝手に膨らませてしまっている人もいます。

これでは、真実が見えなくなるばかりか、それを見ている側もデジタルなバーチャル思考化が進んで、結果的に、イルミナティ側の思うままになってしまう恐れがあります。

本来なら、彼らは宇宙の叡智とつながって、それを素直に受け止めて、シンプルにそれを伝えるということをやってきたはずです。

なのに、自分のフォロアーの数が増えるにしたがって、自己流の論理で勝手に話しを歪曲して人を説得しようとしている姿は、闇の勢力たちが望んでいるデジタル人間化の方向と同じで、まさにミイラ取りがミイラになってしまったかのようです。

しかも、ご当人は、その矛盾にはまったく気づいていない様子です。

もちろん、これまで述べてきたように、すべて「バカげた陰謀論《いんぼうろん》」として一蹴すべきものではありませんが、一つひとつの出来事をカウンターチェックしながら入念に分析・判断していかないと国際情勢を見誤ることになります。

そもそも、真実というものはもっとドロドロとしていて、闇の政府やイルミナティといっても内部の対立やいろんな勢力による策略が錯綜しているのでスパッと割り切れないし、ある一つの出来事や事件についてもそんなに単純化できるものではないからです。

それなのに、自分の空想力で単純な物語に作り直して他人にひけらかしているとしたら、結果的にイルミナティの目論見どおりになってしまうでしょう。

陰謀論は8割の真実を含みながらも、わずかに2割のウソが入れられている

彼らは、人気や発言力があるぶん若い世代にも影響力があって、彼らが発信している歪曲された陰謀論を信じた人たちは、トランプ大統領こそが正義であると信じ、それと同時に、感覚が完全に左脳モードになって、何

事も善悪正邪で単純化しようとする二元的な思考パターンに陥ってしまう可能性があります。

つまり、僕から見ると、イルミナティサイドが意図的に歪曲した陰謀論をばら撒くことによってトランプ大統領の支持者を増やすことと、本来なら覚醒するはずの霊性の高い若者たちを目覚めさせないように潰していく、まさにそのこと自体がイルミナティの本当の目的なのではないかと思えるのです。

歪曲した陰謀論は、詐欺師と同じ手口で、8割方本当のことを述べ、後の2割でウソを入れておくのが常道です。

そこに気づかないと、物事の真実や情報を精査することなく、一方的に洗脳されたまま、結果的にイルミナティ側に対して何の対抗策も打てないどころか、彼らの意のままになってしまうでしょう。

これはある意味、イルミナティ側が、オタクの人たちの間に戦争ゲームを流行らせた手口ともよく似ています。

つまり、オタクたちを闘争的なゲームに夢中にさせることによって、知らない間に本当の戦争をゲーム感覚で楽しめるような頭の構造につくりかえる戦略です。

これと同じように、この際、陰謀論を逆に利用して、バーチャルな戦争ゲームのような感覚に浸らせることによって潜在的な霊力を削ぎ落し、容易にＡＩに取り込めるようなデジタル脳にしてしまおうというわけです。

僕はこのことが、はせくらみゆきさんや安倍晴明少年経由で、イエス・キリスト、エスタニスラウ神父様、安倍晴明が忠告してくれた、ＡＩと５Ｇネットワークシステムによる反キリスト化につながるような気がしてなりません。

ここで、「日本政府はアメリカの闇の政府のいいなりになってきた」というよくある陰謀論の矛盾ついて一つだけ指摘しておきましょう。

それは「日米地位協定」が結ばれた経緯を知ればわかります。

日米地位協定は、日本国における施設・区域の使用とアメリカ軍の地位について規定したものですが、これはあくまでアメリカの陸・海・空の三軍トップ、つまり制服組（軍人・軍属）の要望に沿って決定されたものであって、日本政府はそれを無条件で受諾したのです。

これによって、日本国内でありながらアメリカ軍人は日本の法令は適用されず、「治外法権」が保障され、逆に日本国民の人権が侵害されるケースが次々に起こっているわけですが、これこそ日本をいまだに占領下のような属国下に置いておきたい闇の政府・イルミナティ戦略の最たるものです。

ところが、巷の陰謀論では、その「アメリカの制服組はトランプについている」という話になっていて、それでは「トランプVS闇の政府・イルミナティ」という図式とは完全に矛盾することになります。

この一点だけを取っても、巷に広がっている陰謀論は信ぴょう性が乏しいことがわかります。

なので、発信している人の単なる作り話か、あるいはイルミナティ側に近い立場の人間が意図的に流しているかのいずれかでしょう。

もちろん、すべてデタラメでは誰も信用しないので、前述したように、ある程度の真実を含みながらもわずかなウソを意図的に入れておく、それが彼らのやり方です。

パート

5

アメリカ政府がかくまっている宇宙人と未来型の新技術

今、日本のスピリチュアル業界はどんどん左脳化されている

本来、宇宙や神様の声を仲介する右脳型だったはずの人たちが、「この世の真相を暴く！」という大義名分を掲げて、いつの間にか自分の狭い思考に囚われる左脳型エリートに変わっていく……。

僕はそこに危機感を覚えるようになって、ふと去年の11月にあったある出来事を想い出しました。それはこんな出来事です。

僕の教え子で、ロンドンにいる女子大の卒業生が僕に会いたいといって、一時帰郷のときにわざわざ東京にも訪ねてきてくれました。

近くの行きつけのレストランに入って歓談していたところ、急に彼女の中にシリウスの宇宙艦隊司令官「アシュター」と名乗る霊が入り、僕に向かって「現在、肉体を持ってこの世に存在するシリウスの司令官はお前だけだ」と伝えたあと、激しい口調でこういい放ったのです。

「インディゴチャイルドには会うな！　気をつけろ。無視しろ」

アシュターと名乗る司令官の霊の言葉を聞いた僕は、その言葉でピンと

きて、「あぁ、これは緊急指令なんだな」とすぐに受けとめました。

その翌日、僕がお世話になっている出版社の社長さんがやってきて、何をいうかと思ったら、「保江先生、○○さんと対談本を出しませんか?」といってこられたのです。

前日のアシュターからの緊急指令がなければ、その人物と会っていたかもしれない……。

そう思うと、絶妙なタイミングで、「あぁ、ギリギリセーフで間にあった!」とホッとしました。

シリウスの宇宙艦隊司令官の霊から見たら、知らない間にAI化の方向に引っ張られてしまっている人気者の著名人、スピリチュアル界の人々に注意しろ、ということだと思いますが、それはなにもその人物に限りません。

「えっ、こんなはずじゃなかったのに」という人たちがどんどん左脳化させられている。ようするに、彼らはリアルな事実ではなく、自分の頭の中で作り出したストーリーをロジカルに展開していて、それを多くのファンが鵜呑《うの》みにしてもてはやしているのです。

このような状況は、映画の『スター・ウォーズ／最後のジェダイ』に似ています。

スター・ウォーズシリーズでは、登場人物たちの関係が二転三転していて、仲間だと思っていた若きジェダイの騎士が実はダークサイドだったりして、単純な敵味方の対立構図や勧善懲悪の物語ではありません。

むしろそのことがよりリアルな印象を与えているからこそ、これだけ長い間多くの人の心を惹きつけているわけですが、最後には、親子や男女の愛ではなく、仲間意識でダークサイドに打ち勝てというメッセージが込められている、僕はそんなふうに感じました。

今回のコロナ騒動を機に、意図的に単純化された陰謀論が一気にブームになり、まさに『スター・ウォーズ』のようなどんでん返しが現実となってきているようで、スピリチュアル界の若い世代たちが、結果的に若きジェダイの騎士のようにならないことを祈るばかりです。

アメリカ政府は日本人のルーツでもある龍蛇族の宇宙人をかくまっている!!

『スター・ウォーズ』の話が出たところで、ここでアメリカ政府がかくまっている宇宙人の話を披露しておきましょう。

これは今から7年ほど前に、ベネットと名乗るあるアメリカ人から突然連絡がきて、その彼から僕が直接聞いた話です。

ベネットと名乗る人物から呼び出された都内中心部のホテルに行くと、入り口に自動小銃を持ったアメリカ軍関係者が立って通行人をチェックをしていて、明らかに一般人が宿泊する普通のホテルではないことがわかりました。

そこで、僕は事前にベネットさんから聞いていた彼の携帯に電話をかけたところ、彼が入り口まで出迎えてくれて一緒にホテルの中に入ることができ、会議室のような場所で話を聞くことになりました。

ベネットさんは元ＣＩＡの諜報員であることを告げ、次のような驚くべき話を僕に聞かせてくれました。

◎アメリカ政府は、コロラド州のデンバー空港の地下に巨人の宇宙人の王族をかくまっている。そこは「エリア52」と呼ばれる防空基地で、「エリア51」とはリニアモーターカーでつながっている。

◎かくまっている宇宙人は、彼らの星の王様、皇女様、女王様で、龍蛇族。アメリカ大統領は、代々その龍蛇族の王族をかくまってきたが、彼らを狙っているその星の革命軍に対して、オバマ大統領は彼ら（龍蛇族の王たち）を売ろうとした。

◎メキシコ湾の地下には、龍蛇族の宇宙船が飛び立つための海底の出入り口があり、それをオバマが革命軍側に教えたことで、革命軍（宇宙人）と秘密基地の守備隊との間で小競り合いがあった。

◎その結果、守備隊が龍蛇族の王家を守りきった。それがメキシコ湾の油田火災事故として報道されたことの真実である。その後、メキシコ湾の海底出入り口は封鎖され、中からも外からも行けないようになっている。

ベネットさんは、かくまっている宇宙人を護っていた守備隊のメンバーだったそうです。

なぜそんな重大な話を僕にするのかと問うたら、「なるべくたくさんの人たちに知ってもらったほうが俺は安全なんだ。俺だけが知ってると殺されちゃうから」とのことで、ＵＦＯに関心があって名前が知られている人に話すことに決め、その中の1人が僕だったそうです。

龍蛇族というのは、日本人のルーツとなった宇宙人で、天皇家とつながっています。

この分野に精通している地球・先史文明研究家の浅川嘉富さんによると、龍蛇族はシリウス星の出身で、ニュージーランドの先住民であるワイタハ族も日本人と同じ龍蛇族だそうで、日本人が兄の龍、ワイタハ族が弟の龍にあたるとのことです。これについては、浅川さんと僕の共著『浅川嘉富保江邦夫　令和弐年天命会談』（明窓社）でも触れています。

地球に恐竜を連れてきたのも龍蛇族で、彼らはパラレルワールドから恐竜を連れてきて、自分達を守るために使っていたのが、コントロールできなくなったのでまたパラレルワールドに返したらしく、それが地球上から恐竜がいなくなった理由だそうです。

日本が天皇を戴く国体を永く維持してきたのも、そもそも龍蛇族の星が君主制であり、その聖なる血統が地球に引き継がれてきたのでしょう。

反対に、その星の革命軍は、君主制を破壊する唯物論的共産主義者のような宇宙人なのかもしれません。

だとしたら、その革命軍が、イルミナティと組んでAIや5Gを使った人類のデジタル化に加担する可能性は大いにあります。

おそらく、今のトランプ政権は、龍蛇族を守ることで彼らからさまざまな技術提供を受けているでしょうし、その代わりに、革命軍の来襲を迎え撃つための準備も着々としているはずです。

現に、新たに「宇宙軍」を創設したり、国防総省がUFOはアメリカ軍の航空機などに危険を及ぼすおそれがあるとして、特別チームを設けて調査に乗り出しているのも、その現れでしょう。

フリーエネルギーを連想させる未来型技術

龍蛇族からもたらされているものの一つに、フリーエネルギー関連の新技術があると見られています。

フリーエネルギーとは、いわゆる「ゼロポイントフィールド（量子真空）」から得られる無限のエネルギーのことで、これを取り出して電気として利用できれば誰でも自由に使える無料の永久機関ができることが期待できます。

しかし、当然ながら、これまで化石燃料の利権を独占してきたイルミナティにとっては、それ以上に莫大な金やエネルギーが手に入る新技術だけに、すべて自分たちだけで独占できるように、フリーエネルギーに関する情報はこれまで完全に隠蔽されてきました。

その分野の研究家としても知られているニコラ・テスラにしても、最後には不審死を遂げています。

トランプ大統領は、これまで利権をほしいままにしてきた石油メジャーなどに対抗して、こうした未来型のエネルギー装置のノウハウ（特許など）を公開する意向を示していますが、実際にフリーエネルギーに関する情報が一般に開示されるか否かは今のところ不明です。

もし、本当にフリーエネルギーに関する技術であれば、これまでの科学的な常識をはるかに超えているはずで、そうであれば、龍蛇族からもたらされた未来型技術の可能性は大です。

ここで、少しそれに関連した話題に触れておきましょう。

まず、一つ目は「燃える水」です。

僕はあるブローカーの方から「これだけでエンジンが回るんです」といわれて「燃える水」とやらをいただきました。

そのブローカーの男性によると、数年前にあるアメリカ人が車のエンジンにこの水を入れてエンジンが動くところをＹｏｕＴｕｂｅで映像を流したところ、なぜかその1ヶ月後に亡くなったといういわくつきの水です。

そこで、実際に、僕の愛車と知人のオートバイ2台で、試しにその水をガソリンに添加してみました。

すると、ガソリンにその水を少し混ぜただけで、燃費が20％ほど向上し、エンジンの出力も高くなって、音もかなり静かになったのです。

この水は飲んでも大丈夫だというので、飲んでみたのですが、味はまったくなく、普通の水と変わりません。試しに工業試験場などの公の機関で検査しても、化学的には単なる純粋な水とのこと。

なので、ガソリン添加剤や健康飲料水として売り出せば、無害どころかエコで身体にもいいので、爆発的に売れるのは間違いないでしょう。

人間の記憶や意識を生み出している「エバネッセント光」とは？

成分的にはただの水が、なぜこのような効果をもたらすのか？

そこで一つ想像がつくのは、人体の細胞を取り巻いている電気を帯びた水に近いのではないかということです。

普通の水分子（H_2O）は、2個の水素原子と1個の酸素原子が結合したものですが、細胞を取り巻いている水分子はプラスとマイナスの電荷が偏極していて、そのために特殊な光が発生しています。

この特殊な光のことを「エバネッセント光」あるいは「エバネッセントフォトン」と呼びます。

普通の光は、1秒間に地球を7周り半するほど速く進みますが、このエバネッセント光は、まるで海を走る船の穂先にある波のようにその場に留まっていて、この動かない光が細胞の中にあるときに細胞は生きていて、この光がなくなったら細胞は死ぬことから、エバネッセント光は生命力そのものといえるものです。

これは脳細胞でも同じで、脳細胞の近辺の水と電磁場の相互作用によってエバネッセント光が溜まっており、このことは、僕とノートルダム清心女子大学教授時代の助手の女性との共同研究によって明らかになりました。

そこで、僕たちは、このエバネッセント光が人間の記憶を司ったり、人間の意識を生み出しているという論文を発表したのです。

これは「量子脳理論」という仮説ですが、この仮説を「記憶のホログラフィー理論」を提唱した世界的に著名な脳科学者であるカール・プリブラム博士が支持してくださって、それがきっかけとなって僕たちはイギリスの数理物理学者のロジャー・ペンローズ博士らとも一時期共同研究をしていました。

このエバネッセント光から2次的に放射される光は、遠赤外線よりも長い波長なので頭蓋を通り越して外に出てきていると考えられ、従来「オーラ」と呼ばれてきたものの正体ではないかとされています。

元NASAの科学者で、世界的に著名なヒーラーのバーバラ・ブレナンさんも、『光の手(上・下)』(河出書房新社)の中で、オーラ(生体エネルギーフィールド)や魂は、電磁場であると述べています。

というわけで、「燃える水」はもしかしたら、このエバネッセント光を付着させているのかもしれません。

なぜなら、エバネッセント光が溜まっていると、摩擦がほとんどゼロになるからです。

実は、この技術は、工業分野ではすでに実用化されています。

たとえば、ガラス管のガラス中にレーザー光線を走らせると、光の全反射によってガラス管の内側の表面にエバネッセント光がにじみ出してガラス管の内側に付着します。

普通なら、ガラス管内部に何か液体や粉体の物質を通そうとすると、内壁との摩擦によってだんだんスピードが落ちていってスムーズに物が通せません。

ところが、エバネッセント光がにじみ出していると摩擦がゼロになって、抵抗なしで物を移送できるのです。

このエバネッセント光を付着させて摩擦を軽減させる技術は実用化されていて、三菱電機のエンジニアたちは、それをガソリンエンジンに応用しています。

シリンダーとピストンの表面にエバネッセント光を付着させ、摩擦を減らしてエンジン効率を上げることに彼らが成功したという記事を読んだとき、「あぁ、僕らが発見したことと同じ原理を使ったんだな」とすぐにピンときました。

僕がブローカーの男性からいただいた「燃える水」も、なんらかの方法でエバネッセント光を付着させた水ではないかと考えられます。

そんな「フォトンウォーター」とでも呼べる特殊な水を混ぜると、ピストンの摩擦が減り、その結果、ガソリンの燃焼効率が上がって燃費がよくなったのでしょう。

そのブローカーの男性は、海外の人たちと取引きをしていたことから東南アジアや華僑ともつながっていたようで、もしかしたら「燃える水」は、宇宙人由来の情報を基につくられた可能性があります。

ロシア製の未来型医療機器

フリーエネルギーの研究といえば、ロシアが進んでいます。

ロシアでは昔から超能力の研究も盛んに行われてきたし、信頼できる情報筋によると、すでに宇宙人と共同でＵＦＯを製作しているという話もあるからです。

そんな未来型の技術開発を行っているロシアで生まれた医療機器があるのですが、それは「メタトロン」と呼ばれる電子装置です。

このメタトロンは、それぞれ検査用と治療用の機能があるのですが、僕はメタトロンを診断に用いた上で治療には日本人獣医師が研究開発にかかわったＡＷＧという電子治療器を組み合わせる形で体験したのですが、それまで類似の機器を試してきた中で、僕はこのロシア製のものが一番未来型の技術ではないかと感じました。

メタトロンは、次のように説明されています。

> メタトロンは、ロシア人科学者によって開発されたエントロピー測定機器です。エントロピー測定は、世界先端クラスの技術と伝承医学の融合により、身体の中の振動（周波数）の乱れを測定するもの。人間の発する周波数の波動と外部から発せられる波動を共鳴させることで病気や体調不良の原因を推

測します。

細部（約2600ヶ所）にわたって臓器のエタロン（周波数）がデータ化されバランス状態を分析し、即時に、結果をコンピュータ画面にわかりやすく表示します。

一方のAWGは、このように説明されています。

ＡＷＧ（段階的波動発生装置）は、獣医師松浦博士をはじめ、日米の獣医師・医師・科学者が25年の歳月をかけて研究し開発されたもので、厚生労働省から認可を受けている安全な医療用具です。

ＡＷＧは生体組織に無害なマイナス電荷の電子を照射します。

ウイルスや病巣部には、それぞれ固有の共振する周波数があります。

それに合わせた周波数の電子を照射し、原因を壊します。

イメージするなら、声でガラスを割る人がいますが、ガラス以外は傷つかないということと同じです。

癌、病原体など病気だけをターゲットに治療ができる画期的な機械です。
詳しくは、『AWGは魔術か医術か』（五月書房）や『ソマチッドがよろこびはじける秘密の周波数』（ヒカルランド）をご参照ください。

なぜこれらが未来型の技術と感じたかというと、まず診断機能のメタトロンは、電極も何も触れることなく、ただヘッドホンを耳につけて普通の椅子に座るだけで、頭の先からつま先に至る全身の臓器や組織の周波数の異常が、極めて短時間に測定できたからです。

ヘッドホンからは、金属音のような音が流れているだけで、どこにも電極はなく、単に音を発しているだけでした。

それなのに、なぜかコンピュータ画面にはものすごい早さで全身の断面図が出てきて、悪い箇所を見つけるとそこで画像が止まり、オペレーターがマニュアルと照らし合わせながら、「何年何月にこんな病気したでしょ!?」とか「今、××が弱ってますね」さらには「既往症《きおうしょう》は大腸癌やりましたね」などとズバリいい当てたのです。

しかも、今後のことも克明に出てくるようで、「DNAの何番が欠損しているから、ここを治療しないと何年後には△△癌になりますよ」などと指摘されました。

もちろん、こちらは何も情報を与えていないし、血液検査やDNAの採取も一切していないにもかかわらず、です。

電極も持たずに、ただヘッドホンをつけて椅子に座るだけでここまで細かく解析できる機器は、普通の人間が発明できるもののわけはありません。

治療器のAWGに関しては、固有の周波数に対応した電子を照射しているとのことでしたが、従来の電子治療器とはどうも原理が異なるようで、現時点では納得のいく説明はなされていないものの、「10人の難病患者のうち2人が治った」といわれており、現在、詳しい臨床効果や原理などを調査中です。幸いにもAWGの作用メカニズムについては、僕がこれまで研究してきた量子物理学の原理を用いて理論的に解明することができたため、近々『量子医学の誕生——新型ウイルス感染症に対する新物理療法への誘い（仮題）』（海鳴社）という成書において詳細に公表する予定です。

いずれにしても、実際にそれだけの効果をもたらすものであれば、おそらく背後に宇宙人がいて技術指導をしたか、少なくとも宇宙人由来の技術だと信じるしか他に方法はありません。

ロシア政府がつながっている宇宙人がどのようなタイプの宇宙人かにもよりますが、今のロシアは、一部の過激な共産主義者がイルミナティのメンバーだったとしても、プーチン大統領は、そもそも帝政ロシア末期の僧ラスプーチンの家系です。

ラスプーチンは、ロシア皇帝の皇太子で血友病を患っていたアレクセイの病を祈りによって治した怪僧ですが、それがきっかけとなって国政に関与し皇帝の信頼を得たものの、帝政末期には堕落した貴族たちや汚職にまみれた政治家の手で暗殺されてしまいました。

プーチン大統領は、大統領選挙のときにも自身の家系は明らかにしませんでしたが、プーチンという名字はトベル地域のプーチン家から由来していて、ラスプーチンの子孫であることは間違いないようです。

つまり、プーチン大統領はロシア革命の被害者側の家系。そうすると、共産党政権のトップに入り込んでいたイルミナティとは一線を画していたのではないかと思えるのです。

イルミナティ側からすると、王族や皇帝の血筋とはまさに水と油だからです。

そういうわけで、プーチン大統領は、自分達とイルミナティを隔離するために正統派の宇宙人との接近を試みたのではないでしょうか。

正統派の宇宙人のサポートを得ないと、イルミナティには抵抗できないからです。

もちろん、その真偽については不明ですが……。

パート 6

世界は今、精神的なリーダーを求めている

僕が最後に命をゆだねられるのは、カトリックの神父様

カトリックの総本山であるバチカンが、イルミナティの総本山であるかのような陰謀論《いんぼうろん》もありますが、これも一知半解《いっちはんかい》のとらえ方だと思います。

確かに、バチカンの中にはイルミナティも入り込んでいるでしょうが、基本的には、信仰心の熱いカトリック教徒が大半を占めているのです。

僕はスイスにいた頃から多くのカトリックの司祭と交流させていただき、日本に帰ってきてからもカトリック系の大学で教鞭を取る中で、「名誉母親」であったシスター渡辺和子をはじめ、隠遁者《いんとん》様など頭が下がるような敬虔なクリスチャン（キリスト者）と接する機会を得てきました。

大腸癌の手術のときはマリア様に助けられ、ルルドの泉やファティマでも奇跡的な体験をしてきたそんな僕自身の個人的な実体験に基づけば、やはりカトリックの世界が心の拠り所になってきたのは確かです。

もし、僕が命を狙われて拳銃で身を護らないといけないような場面があって、そこに見ず知らずのカトリックの神父、プロテスタントの牧師、仏教

の僧侶、神道の神主などが僕を救うために現れて、「あなたはどの宗教家にその拳銃を手渡すか？」と問われたとしたなら、迷わず「カトリックの神父様」と答えます。

カトリックの神父様に拳銃を渡して、そこで万が一、僕が撃たれることになったとしても、僕は後悔しません。なぜなら、それが神のご意思だと思えるからです。

これは理屈ではなくて、これまでの経験からそういえるわけですが、あえていうならば、熱心なカトリック信者の方々は神様に対する信仰心がとても強いからです。

もちろん、バチカンの中の派閥争いもあるでしょうし、カトリック信者であっても、生身の人間として見たら、中には酒や女、博打におぼれたり、とても品行方正とはいえない人たちもいますが、大事なのは神という超越的な存在を心底受け入れているかどうかです。

ある調査によると、プロテスタントの牧師でさえ、神を信じていない人もいるのが現実です。

神様を信じ、受け入れていれば、神の愛が感得でき、そこに奇跡が生まれます。

僕はなぜかそのような体験を立て続けにさせられ、そのおかげで生死の境を何度も乗り越えてこられたので、それはもはや確信となりました。

僕自身はクリスチャンではありませんが、物理法則としての「神様」については僕なりに理解しています。

というのは、湯川秀樹先生が晩年に取り組まれた「素領域理論」を形而上学にも応用できると思っているからで、一言でいうと、僕にとっての神様とは「完全調和の世界」であり、それはまさに愛そのものです。

その見えない完全調和の世界＝神様に対する信頼がなければ、人間はエゴまみれになってしまって、自然の摂理や神を感得することもなく、愛を見失ってしまうでしょう。

超越的な存在を否定して、我欲のままに生きるのは唯物論者であって、その私利私欲によって他者を搾取し、支配・コントロールしようとしているのがイルミナティです。

ＡＩや５Ｇによってデジタル人間化が進んでしまうことが「反キリスト」とされるのは、この神を感得する心や無私の愛を見失ってしまうからです。

僕が知る限り、純粋なカトリック教徒の人たちは、神を感得する心と無私の愛に溢れている方がとても多く、デジタル人間化を推し進めようとしているイルミナティ勢力とは、生き方の方向性が真逆です。

とはいえ、気になる情報もあります。

北アイルランドの大司教だった聖マラキが遺したとされている、歴代ローマ教皇に関する「マラキの預言」によると、今のローマ教皇の次に出てくる教皇は正しい教皇ではなく、「反キリスト」と記されているのです。

そうなると、今のフランチェスコ教皇が最後の教皇ということになります。

つまり、いずれバチカンもイルミナティによって乗っ取られる可能性があるということですが、仮にもしそうなったとしても、カトリックの神父様や信念のあるカトリック教徒たちが必ず神の教えを復権し、再び世界に広げていくことでしょう。

「反キリスト」はバチカンの中に現れる⁉

カトリック教団の中に現れる反キリストとは、レプティリアンと呼ばれている爬虫類系の宇宙人で、どうやらその目が縦に割れている宇宙人がイルミナティとつながっているようです。

そうなると、当然ながら、カトリック信者たちにとっての精神的な権威が失われ、心の指針となるリーダーが不在になるということです。

このような精神的な権威の喪失は、世界の王室についても同じことがいえます。

かつての王室は、その国々の国民にとって精神的な支柱となってきたのが、多くの王室が昔のような権威を失いつつあるのです。

実は、このこと自体が、レプティリアンやイルミナティにとっての最終目的ではないかと僕は睨《にら》んでいます。

つまり、地球人類にとっての精神的な権威の喪失、心の範となる父性的リーダーの座をすべて奪い取って、人類をＡＩ脳に劣化させることで家畜化する、それが反キリスト・イルミナティの真の目論見だということです。

もはやバチカンが危うくなっているように、世界の王室も危うい状況に置かれています。

かつて西ヨーロッパでは、ほとんどの国に王室があったのが、フランス、スペイン、オーストリアなどの王室は、惨殺や戦争などによって時代の流れとともに崩壊していきました。

中東、アジア、アフリカなどにも王室がありますが、その多くが君主は実権を持たず、象徴的な存在であって、すでにイルミナティの手が回っている可能性は高いでしょう。

なぜなら、他国の王室は、日本の天皇のような祈りや祭祀を司る祭祀王ではなく、自らの霊力によって民の平安を護っているわけではないからです。

そうなると、今後は衰退していく可能性が高く、王室関係者の中には、イギリス王室と日本の皇室以外の王室はすべて消滅するだろうと見る向きもあります。

こうした由々しき事態を人類規模で見てみると、人々が畏敬の念を持ち続けられる聖なる対象、つまり、精神的なリーダーとしてこれからも永く存続し得るのは、日本の皇室しかないのです。

日本の皇室に対して崇敬の念を持っているトランプ大統領

日本の皇室、天皇の見えない霊力は相当なものです。

その霊力がいかにすごいかは、『祈りが護る國——アラヒトガミの霊力をふたたび』（明窓出版）の中でもこれまで知られていなかった事実をいくつかご紹介しました。

その一つが、戦時中、原爆初号機を搭載したアメリカのB２９爆撃機に対して、昭和天皇が聖徳太子の遺した皇室秘伝の巻物に記されている祝詞を現人神として唱え続けることによって、この世から消滅させてしまったという実話です。

もちろん、その目的は、東京に落とされるはずだった原爆投下を事前に回避し、日本国民の命を救うためです。

この事実は、敗戦後、マッカーサー元帥に伝わり、そのときの昭和天皇との交換条件によって、日本は連合国による分割統治を免れることができたのです。

ですから、イルミナティといえども、そう簡単には皇室に手を出せないでしょう。

また、日本は皇室のおかげで、金融面においてもかろうじてイルミナティの傘下には入っていません。

アメリカのFRB（連邦準備制度理事会）などは55％を政府が出資する公私合同企業なのに、まるで連邦政府機関がドル紙幣を発行しているように見せかけて世界経済をコントロールしています。しかし、日本銀行の場合は、ロスチャイルドだけでなく、皇室も戦前から筆頭株主であったことから、彼らの支配下に置かれることを拒んできたのです。

そして、昭和天皇ご自身も、天皇家が持つ財産が戦後の復興のために使われることを強く望まれました。

そのように、日本の皇室は世界に例をみない存在だとわかっているからこそ、各国の王室も敬意を表していて、トランプ大統領も昨年5月の来日時、日本には特別に3泊4日（5月25〜28日）も滞在して天皇陛下に会われたのでしょう。

本来、外遊をあまり好まないトランプ大統領夫妻は、新天皇と会見する最初の国賓という破格の待遇を与えられたこともあって、特別な思いを抱いていたようです。

その証拠に、英紙テレグラフは、ボディーランゲージに詳しい専門家に取材し、「トランプ氏は前回に比べて非常にリラックスしていた。堂々とした振る舞いからは、作法を勉強してきたことが窺える」との談話を紹介しています。

トランプ大統領夫妻が平成30（2018）年に日本を訪れたときは、先の天皇、皇后がお住いの皇居・御所で接遇し、懇談し、その帰りがけに両陛下が車寄せまで見送ると、大統領は皇后に「メラニアは皇后（美智子妃）

を大変尊敬しています」と語っています。

このときの思い出があったからか、皇居で行われた歓迎式典のあとの宮殿での懇談では、大統領は今上天皇に対して「上皇、上皇后両陛下はいかがお過ごしですか」と尋ね、それに対して今上陛下は「両陛下はお元気です。大統領によろしくとのことでした。上皇陛下は、天皇陛下として象徴としての役割を全身全霊で果たしてきたので、今は少しゆっくりとした時間を過ごしています」と答えています。

また、陛下が前日の相撲観戦の感想を聞くと、「長い伝統があり、大変力強く素晴らしかったです。陛下は相撲をよくご覧になるのですか？」と逆に尋ね、その質問に対して「大統領が昨日ご覧になったほど近くでは見ません」との陛下の答えに笑いが起きたそうで、お二人の間にとても温かい親愛の情が窺えます。

やはり、トランプ大統領は、綿々と続いてきた特別な家系である日本の皇室が、政治から超越して、永く国民の安寧と世界平和に貢献してきたことに対して崇敬の念を持っていているのでしょう。

その意味で、日本の皇室と国民が闇の勢力に絡め取られることのないよう、ぜひとも天皇陛下のお力（霊力）を発揮していただきたい——僕はそう切に願っています。

イルミナティに打ち勝つことができるのは、日本の皇室伝統と天皇の祈りの力、すなわち「無私の愛」と「霊力」（霊性）です。

とりわけ、今上《きんじょう》天皇は霊力の強い御方です。

戦前、アラヒトガミ（現人神）といわれた天皇。事実、天皇家には代々伝わる霊力があり、そのお力で厄災から、日本、そして日本国民を護り続けてきました。

そして、昨年5月の生前御退位により、その潜在的な霊力を引き継がれる皇太子殿下が新天皇に即位されました。

それによって、アラヒトガミの強大な霊力が再びふるわれ、神の国、霊性日本が再顕現されることを思うと、あとは、アメリカの特殊部隊による天皇陛下の警護だけを望むばかりです。

漢民族の中国と日本国との関係

イルミナティの最終目的は、おそらく日本の皇室を掌握して、日本人の霊性を低め、脳のデジタル化（劣化）を図ることでしょう。

それを知ってか知らずかわかりませんが、今年7月、中国の習近平が国賓として来日し、天皇陛下に謁見《えっけん》する予定でした。

ところが、すでに報道などで知られているように、コロナ騒動が起きて習近平の来日が取り止めになり、結局、陛下にお会いすることは叶いませんでした。

今、日中間は軍事的・政治的に緊張状態が続いているにもかかわらず、それでも習近平は日本の皇室から何かしらの印をもらいにくる予定だった。ところが、それが思わぬコロナ騒動によって阻止されました。

なぜ、習近平がこの時期に来日して、今上陛下に謁見しようとしたのか？

その第一の理由は、新しい天皇が即位されたら、世界の要人たちはすぐにご挨拶にいくのが習わしだからです。それだけ、日本の皇室、天皇という存在は、日本人が思っている以上に重く、大きいのです。

ですから、習近平が天皇に会いにいけば、国際的にも中国に対する評価は高まり、かつ国内での権力基盤も盤石なものになります。

ところが、僕が得た情報によると、そこで、自国の中国共産党の中から邪魔が入ります。

習近平の地位が絶大になってしまうのを阻止するために、漢民族を疎ましく思っているモンゴル系の共産党幹部が、わざと武漢で新型コロナウイルス騒動を起こしたのです。

これが、前述した、中国共産党の内紛によって武漢で感染者が出た理由です。

そして、その犯人は、共産党内のモンゴル系中国人だったのです。

彼らは、習近平が党内を完全に掌握したら漢民族の天下になるから、そのときには自分たちはアメリカに逃げる予定だったようです。

そこで、何としても習近平政権に大きなダメージを与える必要があったのです。

しかし、当然ながら、漢民族出身で初めて中国共産党の書記長になった習近平は、彼らに対して反撃に出ます。

モンゴル系の対抗勢力がアメリカの口座に持っている彼らの資産を凍結すべく、アメリカで騒動を広げてトランプを怒らせるために、コロナウイルスの遺伝子操作をしてミラノとロンドンの空港にばらまいたのです。

まさに、この点が、アメリカにとっては想定外の出来事だったのです。

そして案の定、アメリカの富裕層が北イタリアやヨーロッパの高級スキーリゾート地にバケーションに行ったときに新型コロナウイルスに感染し、アメリカ国内でも多数の感染者や死亡者が増えたことで、トランプは「これは中国ウイルスだ」と非難し、中国系企業の資産を凍結するなどの報復に出たわけです。

ところが、習近平自身は全然困らないし、中国の一般の人たちも困らない。

困るのは、アメリカに豪邸や隠し資金を持っていた中国共産党のモンゴル民族系幹部たちです。

習近平が来日したいもう一つの目的とは？

このように、コロナ騒動の背後には、中国共産党の内紛が起因していたわけですが、ようするに、習近平はこの機に反対勢力をすべて粛清して、漢民族によって全土を掌握しようとしているのです。

予定されていた習近平の7月の来日に先立って、その数ヶ月前に日本を訪問していた漢民族の有力者から、僕はこの点に関して非常に興味深い話を得ることができました。

それは、習近平のもう一つの来日目的です。

表向きは、先ほど述べたように、天皇に謁見することで自分の立場の優位さを内外に示すことです。

しかし、それだけではなくて、過去の歴史において日本に伝えた「漢民族の文化を里帰りさせる」こと、実はそちらのほうがより重要な目的だったのです。

そこで、漢民族と日本の歴史的なつながりについて簡単にふり返っておきましょう。

時代は「呉越同舟《ごえつどうしゅう》」で知られる、「呉」と「越」の戦いまで遡ります。

呉の国は漢民族で、越は北方のモンゴル族、呉と越は、長江河口域の覇権を巡った「呉越の戦い」（紀元前473年）によって漢民族の呉が負けて領土を併合され、揚子江よりも南方に追いやられ、漢人の一部は国外に逃亡します。

ちなみに、それまでの漢人による王朝は、「漢」「宋」「明」など意外に少なく、実はモンゴル帝国による中国支配の影響のほうが大きかったのです。

日本との関係を見ると、呉が滅びた後、漢民族は航海術に長けていたこともあって、それぞれの時代ごとに何度か日本に渡って帰化しています。

当初は、瀬戸内海で海賊をしたりしながら、豪族として日本国内で徐々に勢力を拡大していき、やがて平家となります。

一方、騎馬民族のモンゴル系の帰化人が源氏のルーツです。

源平合戦のとき、源氏が馬で鵯越《ひよどりごえ》をして山中の難路を西へ進み、平家側は船で戦った。また、源義経がジンギスハンだったという話があるのも、こうした歴史的背景があるからです。

ようするに、中国と日本の歴史を見るときには、漢民族とモンゴル族との戦いを押さえておく必要があるということです。

呉の王様一行が漢民族の文化をすべて日本に持ってきていた！

僕が漢民族の有力者から得た話では、呉が越に滅ぼされたとき、呉の王様が2万5千人の漢人を引き連れて日本の九州や山陰地方に逃げのび、そのときに彼らが持っていた文化を全部日本に持ってきたそうです。

ただし、呉の国の王様だというと波風が立つので、高僧として日本に帰化したということです。

彼らが日本に伝えたのは、水田稲作（米）、製鉄、絹織物、刺繍、漢字や仏教文化などです。たとえば、それまで日本人は韓国のチマチョゴリのような服を着ていたのが、呉の国の人たちが渡来したときから着物に変わった、だから「呉服」というようになったのです。

特に重要な文化は漢字でしょう。

たとえば、生命の源泉である「气」は、空に流れる雲（雲気）を表していて、米（穀類）はその気を養うもとであることから气に米を加えて「氣」となり、「元気」「天気」「運気」などというように今の日本人にとってとても馴染み深い文字です。

そもそも、この自然界の動きを現わす象形文字としての漢字は、自然の背後にある神に対する畏敬の念から生まれたもので、主に象形文字と表意文字の二つの側面を持っているのが漢字の素晴らしいところです。

また、漢民族との混血などによって、仏教思想や孔子の根本思想である「仁」「礼」「孝」などの精神文化も日本人の中に根付いていったことでしょう。

ようするに、その時点から、日本は漢民族の第二の国になったということです。

そして、その後も、大陸の漢民族との交流は続きました。

中でも重要なのは、1654年に来朝した「隠元和尚」こと隠元隆琦《いんげんりゅうき》禅師です。

隠元和尚は中国明朝時代の臨済宗を代表する僧で、福建省にある黄檗山萬福寺の住職をしていて、その当時、日本からの度重なる招請に応じ、63歳の時に弟子20名を伴って来日。

宇治の地で寺を開くにあたって、寺名を中国の自坊と同じ「黄檗山萬福寺《おうばくざんまんぷくじ》」と名付けています。

私たちが今普通に使っている漢字表記の明朝体や400字詰め原稿用紙も、すべての仏教経典の版木原本とともに隠元和尚が持ってきたもので、このように日本の文化は漢民族の文化を吸収することで発展してきたのです。

漢民族である習近平は、もちろんこうした歴史について熟知していたので、自身が書記長になったときに、日本からやってきた複数の政治家たちに「隠元和尚のとき、明治維新のとき、太平洋戦争が終ったときなどに、皆さんに伝えた仏教、宗派があるのですが、ご存知ですか？」と質問をしたそうです。

ところが、誰も知らなかった……。

その後、調べさせたら、日本では臨済宗や曹洞宗は知られているけれど、漢民族にとって一番の誉れである黄檗宗のことはほとんど誰も知らないことがわかったので、それ以来この話題を避けるようにしたそうです。

実は、僕が話を聞いた漢民族の有力者というのは、北京大学で中国の禅宗を研究されている方で、彼が露払いに日本に来たときに、このようなことを教えてくださったのです。

そしてそのときに得たのが、習近平は次のような主旨について日本側に願い出ようとしていたという貴重な情報です。

◎当時日本に持ち込んだ中国の文化、とりわけ寺院の建築法や仏事、精進料理、絹織物や染色技術など、あらゆる文化を返せとはいわないので必要なものだけを学ばせてほしい。そうすることによって、共産党政権下の中国で失われた漢民族文化を取り戻すことができる。

◎なので、今後は、ぜひとも日本との文化交流を積極的に進めていきたい。

漢民族の伝統文化は中国共産党によって徹底的に破壊された

習近平がこのような要望を日本側に申し出ようとした背景には、モンゴル系の中国共産党トップや幹部たちによって、漢民族の伝統文化が徹底的に破壊されてきたという歴史的背景があるからです。

昭和24（１９４９）年、中国共産党が政権を奪い取った後、国家のすべてをかけてそれまでの漢民族文化を破壊し、さらに昭和41（１９６６）年から始まった毛沢東の文化大革命によって、数々の残忍暴虐な粛清と殺戮がくり返され、多くの餓死者を出すとともに漢民族の知識人や文化財を徹底的に攻撃し続け、その結果、40万人以上もの死者を出しました。

そして、中国全土の寺院が片っ端から破壊されて、その跡地には毛沢東の像が建てられると同時に、漢字も表音文字にさせられたことで、昔の漢字を読める人がほとんどいなくなり、中国人民は最悪な唯物論的共産主義という政治状況下に置かれるはめになったのです。

そんな中、平成24（2012）年11月に漢民族の習近平が共産党のトップ（第5代中国共産党中央委員会総書記であり最高指導者）になったことから、今度は、汚職摘発という名目でモンゴル系の幹部に対して徹底的な粛清、排除が行われました。

同時に、習政権は、人民解放軍の大改造による中国海軍の軍事力強化を進めました。

それまでの共産党指導による人民解放軍の下では、漢民族で構成されていた海軍だけがずっと虐げられてきたからです。

そこで、習近平は、それまでは海軍にはあてられなかった予算を惜しみなく漢民族に回し始めた。今、習政権が軍事力を増強しているのはそのためです。

習近平からすると、何としても自分の目が黒いうちに盤石な政治的・軍事的基盤を築いて、漢民族の力を内外に誇示したいのでしょう。

そしてその裏には、共産主義によって破壊された漢民族の伝統文化を取り戻すことで、従来の唯物論的共産主義に代わる精神的な支柱を中国人民に与え、それによって新しい漢民族国家の復興を果たそうとしている——それが今の習近平政権の目標だと見ていいでしょう。

明治維新の新政府、そして敗戦後にも漢民族が天皇に資金援助をしていた

とはいうものの、今の日本と中国は政治的にも軍事的にも緊張状態にあるので、反中国感情を持っている日本人も多いかもしれません。

中には「今、中国人が日本の土地や水資源を買い占めている」と危機感を抱いている人もいますが、彼らは私たちと先祖を共にする漢民族なので、日本人と同じように潔くて、そう悪いことはしないはずです。

それどころか、実は近代になってからも、漢民族は陰で日本に多大な援助をしてくれているのです。

それは、明治維新で新政府ができた頃の話です。

当時の清はモンゴル系で、アヘン戦争でイギリスに敗れて南京条約を結ばされて、いいなりになっていたのに対して、揚子江より以南にいた漢民族は、日本の明治天皇に対して「どうぞこれをお役立てください」と大金を送っていたのです。

それだけではありません。それと同じようなことが、日本が太平洋戦争に負けたときにもありました。

そのときは、福建省の漢民族が、昭和天皇に対して再び大金を援助したのです。

それぐらい漢民族同士は仲がいいし、彼らは根っからの共産主義者とは違ってとても豊かな精神文化を今なお有していて、だからこそ、日本の皇室、天皇陛下に対して畏敬の念を持っているのでしょう。

そう思うと、中国共産党の反対勢力によってコロナ騒動を起こされ、天皇陛下との謁見がかなわなかったことは残念ですが、この騒動が一段落すれば、習近平は必ず来日し、陛下との謁見が叶うのではないかと思います。

もちろん、闇の勢力たちはやっきになってそれを阻止しようとするでしょう。

しかし、何としても陛下を立て、新しい中国に変革したい漢民族は、習近平にその思いを託しているに違いありません。

習近平は共産党自体に何の未練も持っていないし、漢民族国家として新しい中国をつくることができれば、共産主義は捨ててもいいと考えているからです。

おそらく、その点はロシアのプーチンも同じで、習近平主席とプーチン大統領の二人は漢民族と大ロシアで仲良くやっていきたいと考えているのでしょう。

だとしたら、日本は今後、中国とどうつきあっていけばいいか?

少なくとも僕は、日本人と祖先を同じくする漢民族が、唯物論的共産主義から解放されることを切に願っているので、そのためには、漢字や仏教(禅)、儒教、道教といった優れた精神文化を共有する私たちとともに協力しあいながら、アジアに平和をもたらすことが得策ではないかと思います。

アメリカの次期大統領選挙の結果にもよりますが、少なくとも「日米地位協定」が破棄されない限り、日本がアメリカの属国のままであることは変わりありません。

唯一の希望は、アメリカ国内でウエスト家が再び勢力を伸ばして、かつてのように精神的なリーダーとして復活してくださることです。

もしそれが叶わないなら、アメリカよりも新生中国との関係を重視して、漢民族文化を共有する同盟国となるほうが日中双方にとってより有益だと思います。

漢民族の伝統文化の基礎にあるのは、唯物論などではなく、日本の皇室伝統とも通じ合う見えない心の世界を大切にする精神文化であって、それこそが国民にとって真に精神的な支柱になり得るからです。

パート 7

若きジェダイの騎士たちよ、今こそフォースとともにあれ!!

天意を体現する天皇という血筋を柱にした世界的なネットワークが地球を救う！

ここまでお読みいただければ、僕が何をいいたいかおおよそ見当がついた方もいらっしゃると思います。

そう、闇の政府（ディープステート、DS）・イルミナティ勢力に支配されないために今、最も必要なのは、日本の皇室、天皇陛下の霊力を信頼したうえで、その精神的な権威や父性的なリーダーシップにおいて仲間となれる国や地域とのつながりを強化することです。

つまり、この世のいかなる権力者であっても手が出せない、適わない存在、すなわち神と直結した霊力を持つ天皇という血筋を柱にした、天と地をつなぐ神の依り代となれる人たちの世界的なネットワークを築くこと、それがイルミナティの陰謀《いんぼう》に対する唯一の防衛策だということです。

先ほど、僕が最後に命をゆだねられるのはカトリックの神父様だといいましたが、それと同じようなことが、日本人と天皇陛下の間にもあるのではないでしょうか。

それが、神への全託です。

もしそれによって自分が死ぬことになったとしても、それを「天意」として受け入れる、人々のそんな絶対的な信頼があればこそ、その対象たる存在も神の依り代となれるのです。

そして、この天意を体現できる存在こそが、本来の王であり、天皇です。

神の依り代となれる王族や皇族たちは、血筋によってその方法が代々伝授、継承されています。そして、霊能者や巫女、陰陽師などの呪術家たちが霊的に彼らを護り、陰で支えてきた、これが歴史の真実です。

いうなれば、天意を歪めることなく具現化し、地に浸透させる血統集団です。

それは、古代遺跡などを見てもなんとなくイメージできると思いますが、まず神の依り代となる巨石（立石）や巨木が柱として置かれ、それを中心として周囲に祭祀場や生活の場があって、全体に神のエネルギーがらせん状に降り注がれている、それゆえその場が邪悪なものへの結界となっているのです。

反対に、この世の権力をほしいままにしたいイルミナティにとっては、神の依り代となる人をこの世から根絶しない限り、彼らの目的を達することができない。それが、王家や君主制の破壊であり、人類の脳をデジタル化するAI・5G戦略なのでしょう。

デジタル脳は、コンピュータと同じ「0」と「1」だけの2進法の世界で、感性、直観、情といった言語化できない領域をすべて取り除いた機械的な脳です。

なので、当然、そこには天意や宇宙の背後にある膨大な情報は一切含まれず、そのためこの世的な金銭や物質の多寡だけが価値を持つようになります。

そうなると、王族や皇族などの天意を体現する家系・血筋は邪魔になるばかりか、さらに国民を陥れるために「非合理的な存在」「差別を生む封建的な社会構造」などと非難して徹底的に排除しようとします。

つまり、天意を伝え、体現する精神的権威を完全に失墜させること。

これこそが、共産主義や資本主義、あるいはグローバリズムという名の衆愚政治に陥れるイルミナティの罠です。

この世の権力と精神的権威を混同して、精神的権威を貶めることによって、結果的に神を否定する。おそらく、レプティリアンやイルミナティは、古来よりそのために神の依り代となる存在を敵視し続けてきたのでしょう。

このような背景があるために、カトリックの騎士道精神を受け継ぐウエスト家に関する情報も一切ネット上にはアップされていません。

天意を仲介する存在が危機的な状況に陥ると、人々の精神的な支柱が失われる

神の依り代となって天意を仲介する存在が危機的な状況に陥ると、多くの国民にとっては、心の糧となる父性や母性までもが喪失してしまいます。

そうなると、人々は精神的な支柱を失い、いったい何を範とすればいいいかわからなくなって、結局、金銭や物だけに心を奪われて、この世の権力

に絡めとられる結果になってしまうのです。

そこで、とりわけ今、世界的に求められているのは、天意に沿った父性的な権威、すなわち武士道や騎士道といった精神的支柱ではないでしょうか。

主に、欧米人に向けて武士道を広く知らしめたことでよく知られている新渡戸稲造は、武士道について、「義」「勇」「仁」「礼」「誠」「名誉」「忠義」「克己」などの徳目を挙げています。

もちろん、こうした徳目は、漢民族によって伝えられた仏教や儒教も影響しています。

かつての日本人は、こうした徳目に従って生きていたからこそ、天意に従うことができ、そのような武士道精神を持った人物がいろんな分野にいたのは確かです。

彼らは、自分の利益や損得勘定を超えて「義」や「誠」のために命をかけてきた、だからこそ日本は幾多の困難に遭いながらも不死鳥の如くそれを乗り越えてこられたわけで、その意味では確たる父性がその都度示されていたのです。

しかし残念ながら、そのような武士道精神（父性的リーダーシップ）は時代遅れとされ、もはや見る影もなくなってしまいました。

一方、ヨーロッパで重視されてきた騎士道精神にしても、同様な経緯をたどっています。

騎士道とは、「ノブレス・オブリージュ」という言葉に示されているように、王家や貴族などの血筋や高貴な身分の者はそれに応じて果たさねばならぬ社会的責任と義務があるということで、端的にいえば、有事の際には真っ先に自分が矢面《やおもて》に立って敵と戦うリーダーシップです。

しかし、貴族によって継承されてきた騎士道も、日本の武士道ほどではないにしても、残念ながら一般市民の手本となる道徳観とはいえなくなっているのが現実です。

そんな中で、天意を仲介する神の依り代としての存在意義を今なおしっかりと堅持しながら、国民の心の範となっているのが日本の天皇です。

無私の祈りによって天（神）と地（人）の中を取り持つ天皇

いうまでもなく、日本人にとって天皇・皇后両陛下は、偉大なお父さん・お母さんであって、宮中祭祀をはじめさまざまな行事をとおして、いかに父として、また母として生きるべきかを背中で見せてくれているような存在です。

その中でも、最も重要な天皇のお役目が、最高位の神職としての「祈り」です。

いうまでもありませんが、この天皇の祈りは、我々一般人が神社仏閣などでご利益を願うせこい祈りとはまったく異なります。

初代天皇である神武天皇から現在の今上陛下（新天皇陛下）に至るまで、天の神々、地の神々、八百万の神々、歴代の天皇の神霊である皇霊に対して感謝の祈りを捧げられることが、天皇陛下のご本務なのです。

この天皇による聖なる祈りによって、この世を超えた神々の世界、すなわち完全調和の愛そのものの世界とこの世がむすびあわされて、そうして天意と響きあうことによって、国民の幸福と世界人類の安寧がもたらされるのです。

神職のこうした働きを「なかとりもち（中取持）」というそうですが、無私の祈りによって、まさに天（神）と地（人）の中（仲）を取り持ってくださっているのが、天皇という存在なのです。

2千年以上もの長きにわたって、このような聖なる祈り、そして正当な形での祈りを継承してこられた祭祀王は、歴史上類を見ません。

これはまさに理屈を超えた世界です。したがって、欧米人のように言葉や理屈で説明したり、儀式を公に見せるのではなく、伏せられた中にも、受け取る側がその思いを心の奥底で感得し、推しはかる文化です。

こうした言挙げしない日本特有の文化の継承者である皇室に対して、畏敬の念を抱いているのは何も日本人に限りません。

たとえば、サウジアラビアの王族も日本の皇室をとても尊敬していて、このようなエピソードがあります。

長年、サウジアラビアの駐米大使を務めたバンダル・ビン・スルタン王子が、帰国した後の話です。

王子が、国家安全保障会議の事務局長という重職に就いた際、「通常、外国の大使には会わないが日本は例外である。なぜなら日本の皇室を尊敬しているからだ」といって、当時の中村滋《しげる》駐サウジ大使と2度私邸で会い、イランとの水面下の交渉などの重要情報を得たというのです。

スルタン王子が尊敬しているといったのは、「長い歴史と伝統の蓄積」「それに立脚した先の天皇皇后両陛下を中心とした皇族の人間力」とのことでした。

また、フランスにおいても親日感情は強く、その背景には皇室との親交があります。

平成30（2018）年7月から令和元（2019）年2月までフランスで開かれた日本文化を伝えるイベント「ジャポニスム2018」は、総動員数300万人を超える大成功を収め、アンケートでは96％の人が「日本により親近感を感じるようになった」と答えたそうです。

とりわけ、日仏の交流の契機となったのは、平成6（1994）年の先の天皇皇后両陛下のフランスご訪問で、日本からの初めての国賓だったということもあって、シャンゼリゼ通りには両国の国旗が掲げられ、大ニュースとして新聞やテレビで連日報じられ、フランス国民は皇室への敬意と高い好感を持って盛大に歓迎したのです。

その後の平成9（1997）年には、紀宮さまが国賓並みの待遇で招かれ、それが「ジャポニスム2018」の成功へとつながったことを思うと、皇室の活動は、ある意味、政治以上に平和につながる国際交流に貢献してくださっているのです。

世界は今、天皇のような天意を示す精神的なリーダーを必要としている!!

日本の皇室はとりわけイギリスとの関係が深く、天皇陛下も皇后さまもオックスフォード大学で学ばれた経験があり、天皇陛下はその後もイギリスを訪問して、エリザベス女王など王室のメンバーと親交を深められてきました。

そのため、天皇陛下の即位後、初めての外国訪問として、天皇皇后両陛下は5月はじめから1週間程度の日程を軸にイギリスを親善訪問される方向で調整が進められていたのですが、コロナ騒動によって訪英予定が変更になり、現在日程を調整中のようです。

日本の皇室とイギリス王室がとりわけ親和性が高いのは、両国が「権威」と「権力」を分離している点（双分制）にあります。

イギリスは、名誉革命（１６８８年）を経て現在の立憲君主制の基礎が確立され、国家の「権威」と「権力」が分離されました。

国王が「権威」を代表し、首相（内閣）がその時々の「権力」を担うようになったのです。

つまり、「君臨せずとも統治せず」という形で、これが立憲君主制です。

もちろん、現在の日本も立憲君主制で、天皇は政治的権限を有しない国民の象徴的存在、いわゆる「象徴天皇」です。

ある意味、「現人神」が「象徴天皇」になってしまったことで神の依り代としての自覚が弱まる恐れもがあるのですが、たとえ象徴君主であっても何を象徴しているかが重要で、僕からすると、日本の天皇は天意の象徴であると同時に日本人の霊性の象徴、もっというと「地球人類の霊性の象徴」であっていただきたいと切に願っています。

なぜなら、日本には、過去の歴史の中で世界のあらゆる宗教や哲学、思想が混然一体となって入ってきていて、それらを縄文から続いてきた「惟神《かんながら》の道」によってみごとに調和的に統合しているからです。

ようするに、皇室伝統の中には、神道だけでなく、太陽信仰（ミトラ信仰）や自然信仰、仏教、儒教、道教、神秘思想、ユダヤ・キリスト教（光明思想）等々を含む多様な要素がすべて包括的に取り込まれているということです。

これは天地をむすぶ光の柱であって、宗教宗派を超えた人類共通の霊性文化です。

その意味でいうと、魂の生命力とでもいうべきエバネッセント光を発生させる装置としての皇室伝統が、この日本に根付いているといってもいいのではないでしょうか。

そしてなにより、自ら神の依り代となって爆撃機まで消し去れる「祈りの力」を有した血筋であることが、何人たりとも追随できない天の霊力を物語っています。

僕の専門である「素領域理論」から見れば、完全調和の世界とつながって神の愛のエネルギーを降ろし、世界の平和と安寧のために惜しみなく使えるのが本当の霊力であって、それは武士道や騎士道にも共通する「聖なる父性」そのものです。

いずれにしても、日本の天皇のような天意の体現者、人類にとっての精神的な権威が保持される限り、地球人類がイルミナティに完全支配されることは決してないでしょう。

そう、今まさに、世界は天皇のような天意を示す精神的なリーダーを必要としているのです!!

「反キリスト」に支配されないために、右脳モードで神様とのつながりを強化しよう！

ＡＩによる人類の奴隷（デジタル）化を目指す闇の勢力たちにとって、一番やっかいなのが、右脳モードで宇宙や神様とつながっている人たちです。

だからこそ、今、完全調和の神様の世界から胎内記憶を持った子どもたちが増えていて、しかも、セックスレスの両親からでも生まれてくる子どもたちがいるのでしょう。

これは、胎内記憶の研究をされている産婦人科医の池川明先生との対談でお聞きしたのですが、はっきりと「地球を直しにきた」と語る子どもたちも増えていて、特に日本ではそのような明確な意図を持った子どもたちが多く誕生しているそうです。

ところが、そんな「光の戦士」のような子どもたちは、お母さんたちが心配して病院に連れていく。そうすると、自閉症とか発達障害などと診断されて、結局、薬漬けにさせられてしまうわけです。

神様の世界から見たら、「それなら……と」、両親がセックスレスでもどんどん光の戦士たちをつくって、彼らにこの世の方向転換を図らせようとしているようにも思えます。

闇の勢力側も、そんな光の戦士たちをバーチャルな陰謀論に誘い込み、AI・5Gによってデジタル脳につくりかえるための策略を講じているのでしょう。

とはいえ、結局のところは、光の戦士たる子どもたちのことを信頼していない大人たちが、結果的に闇の勢力に加担していることにもなりかねません。

神様と約束をしてきた、地球を直すために生まれてきた自覚がある子どもたちが、日本に増えている。それは、それだけ危機的な状況がさし迫っているともいえるわけです。

ある筋からの情報では、闇の勢力はいつ噴火してもおかしくない富士山が噴火するタイミングで爆弾をしかけ、自然噴火とは比べものにならないほどの甚大な被害を引き起こす計画を立てているようで、それはいつ起きても不思議ではありません。

ですが、もっと深刻なのは、スピリチュアル業界で大衆の注目を浴びながら、無自覚にバーチャル陰謀論を拡散してデジタル思考を植えつけ、結果的に人類AI化路線に準じてしまっている人たちのほうです。

今回のコロナ騒動で、外に出られない人たちが、自宅にこもって彼らの動画や著作を何度も何度もくまなく見ていることでしょう。

そうすると、洗脳と同じで、発信者側のいうとおりに現実が見えてくるようになります。なぜなら、ほとんどの人間は、自分が見たいものしか見ず、聞きたいことしか聞かないからです。

右脳型の人は、リアルで多様な対面コミュニケーションに長けているのに対して、左脳型の人は、デジタルで単調なバーチャルコミュニケーションを好む傾向があります。

ですから、もともと右脳型の人であっても、興味をそそられる刺激を与えられてどんどんバーチャルな世界にはまり込んでいけば、知らぬ間に「0」と「1」だけの左脳人間に改造されてしまうのです。

闇の勢力たちにとっては、そのような左脳型になってしまったスピリチュアルオタクも搾取する対象に過ぎません。なので、ネット上に自分たちの陰謀に関する情報の一部が出ているからといっても、いちいち目くじら立ててそれを消すことはないでしょう。

むしろ放置することによって、勝手にデジタル脳化して自滅してくれるので手間が省けるからです。

つまり、彼らは一番手ごわいと思っていた現代の「若きジェダイの騎士」たちを、このコロナ騒動に乗じてことごとく根こそぎ根絶しようとしているのです。

実は、このこと自体が本当の危機なのです!!

そこで、どうすればよいのか!?

「反キリスト」がバーチャル陰謀論とＡＩ・５Ｇによる脳のデジタル化であれば、

できるだけ、５Ｇエリアから離れ、

縄文人のように右脳を介して神様とつながって、
光の戦士たる仲間たちとの交流を広げながら、
天意に従ってリアルな世界に生きること。
そうすれば、本当の陰謀とは何かも直感的に見抜けるようになって、結果的に、脳のＡＩ化も防げるでしょう。
知らない間に「反キリスト」に支配されてしまわないために、ぜひあなたも、右脳モードで神様（愛）とのつながりを強化させてください。
ダークサイドからこの星を護るために降り立った、若きジェダイの騎士たちよ、
今こそフォースと共にあれ!!

完

偽キリストは
Ai と共にバチカンに現れる！

令和２年 11 月 19 日　初　版発行
令和５年　９ 月 23 日　第２版発行

著　者　　保江邦夫
発行人　　蟹江幹彦
発行所　　株式会社　青林堂
　　　　　〒 150-0002　東京都渋谷区渋谷 3-7-6
　　　　　電話　03-5468-7769
装　幀　　TSTJ inc.
印刷所　　中央精版印刷株式会社

Printed in Japan

ISBN 978-4-7926-0690-9

卑弥呼と天照大御神の復活

松久正

大分県の宇佐で行った卑弥呼と真の天照大御神開き
卑弥呼は14代まで存在した⁉
「水晶入りプレミアム御守り」付き‼

定価3550円（税抜）

みんな誰もが神様だった

並木良和

目醒め、統合の入門に最適。東大名誉教授矢作直樹先生との対談では、日本が世界のひな型であることにも触れ、圧巻との評価も出ています。

定価1400円（税抜）

失われた日本人と人類の記憶

矢作直樹
並木良和

人類はどこから来たのか。歴史の謎、縄文の秘密、そして皇室の驚くべきお力！
壮大な対談が今ここに実現。

定価1500円（税抜）

5次元への覚醒と統合

"Awakening and Integration to 5 Dimension"

トレイシー・アッシュ

覚醒、変容、奇跡を人生に顕現させる「魔法の書」！
世界的アセンションのリーダーが日本へのメッセージをおくる。

定価1500円（税抜）

地球のメディア情報では、もう人類は救われません

松久　正
神原康弥

「我欲をなくそう」というのはスピリチュアルの美徳とされていたが、逆に意欲を落として逆効果。天照大御神様は「コロナは終わりです。まもなく次元上昇が始まります」とのお告げをくれた。

定価1500円（税抜）

真・古事記の宇宙

竹内睦泰

古事記に秘められた日本、そして宇宙の歴史。急逝した第73世武内宿禰の竹内睦泰が残した門外不出の口伝。著者夫人による「第73世武内宿禰と武内睦泰の狭間に生きて」を特別収録！

定価1600円（税抜）

ねずさんの知っておきたい日本のすごい秘密

小名木善行

歴史をひも解くことで知る日本の素晴らしさ！現代と「経済」という視点に重点をおいた、未来を開く秘密の本！

定価1500円（税抜）

超限戦事変

孫向文

新型コロナは中国人民解放軍が開発した「超限戦」生物兵器！　香港P3ウイルス研究所の閻麗夢博士が決死の告発
日本共産党が政権を取ったら？　近未来ファンタジー漫画「アマテラスの翼」96P収録

定価1600円（税抜）